# Vorwort

## Rechtssicherheit schafft Freiräume

Kinder brauchen Freiheiten, um sich zu erproben, sich zu entfalten und um sich zu selbstständigen und verantwortungsbewussten Persönlichkeiten zu entwickeln. Viele Kinder verbringen einen großen Teil ihres Tages in der Kita. Umso wichtiger ist es, dass sie dort ein Umfeld vorfinden, das sie nicht übermäßig einschränkt, sondern ihnen vielfältige Erfahrungen ermöglicht. Leider wird im Kita-Alltag jedoch oft viel mehr verboten, als rechtlich notwendig wäre. Dies geschieht meist aus Unwissenheit und Angst.

In diesem Heft möchte ich Ihnen einen Überblick über die wesentlichen rechtlichen Bestimmungen geben. Ich möchte Ihnen das Wissen vermitteln, das Sie als Fachkraft im Kita-Alltag für Ihre pädagogische Arbeit benötigen. Je sicherer Sie sind, je genauer Sie sich rechtlich auskennen, desto souveräner können Sie Kindern Freiräume ermöglichen und desto gelassener können Sie auf mögliche Einwände von Eltern reagieren. Nach der Rechtsprechung ist es nicht Aufgabe pädagogischer Fachkräfte, Kinder ständig zu überwachen und jede denkbare Gefahr zu vermeiden. Sie sollen Kindern vielmehr entsprechend ihrem Entwicklungsstand Freiräume eröffnen und ihnen auch die Möglichkeit geben, Neuland zu entdecken und sich zu erproben. Was das im Einzelnen bedeutet, was pädagogische Fachkräfte erlauben dürfen und was sie verbieten müssen, werden wir im ersten Kapitel zur Aufsichtspflicht besprechen.

Ein weiterer Schwerpunkt dieses Heftes ist das Thema Kinderschutz. Welche Handlungsmöglichkeiten haben Erzieher*innen, wenn sie den Verdacht haben, dass es einem Kind zu Hause nicht gut geht, dass es vernachlässigt wird oder vielleicht sogar Gewalt erfährt (vgl. Kapitel II)? Was tun, wenn Sie bei einem Kind Entwicklungsauffälligkeiten beobachten (vgl. Kapitel IV)? Es gibt klare rechtliche Vorgaben, wie pädagogische Fachkräfte jeweils vorgehen sollten. Schaubilder und Handlungsleitfäden sollen Sie ermutigen, bei Auffälligkeiten, Problemen und möglichen Gefährdungen tätig zu werden und zum Schutz der Kinder den nächsten Schritt zu veranlassen.

Die verschiedenen Kapitel des Heftes geben Antworten auf die häufigsten Rechtsfragen aus der pädagogischen Arbeit. Mit Checklisten und Mustern für Elternbriefe möchte ich Ihnen Ihren Berufsalltag erleichtern.

Ich wünsche Ihnen viel Freude beim Lesen dieses Heftes!

Heike Schnurr

Heike Schnurr

Volljuristin (Ass. jur.) und Pädagogin (B.A.), Fachbuchautorin, freiberufliche Referentin in der Weiterbildung von Erzieher*innen sowie Dozentin für Recht und Pädagogik an der Fachschule für Sozialpädagogik, Marienschule Limburg.

# Inhalt

Als Aufsichtsperson Sicherheit geben, aber dennoch Freiräume zulassen

# I. Das Wichtigste zur Aufsichtspflicht

Täglich müssen Sie in der Kita entscheiden, was Sie den Kindern erlauben dürfen und was Sie verbieten müssen. Dürfen Kinder alleine auf das Außengelände? Dürfen sie auf Bäume klettern oder mit Taschenmessern schnitzen?

Keine Angst, Sie müssen nicht in jeder Situation einen Gesetzestext wälzen, um rechtlich abgesichert zu sein. Die Rechtsprechung hat verschiedene Kriterien zur Beurteilung der Aufsichtspflicht entwickelt, anhand derer Fachkräfte im konkreten Einzelfall entscheiden können, was aufsichtsrechtlich zulässig ist.

## 1. Was dürfen Sie erlauben, was müssen Sie verbieten?

Haben Sie bei Ihrer Entscheidung vier Kriterien nachvollziehbar beachtet, haben Sie sich rechtlich abgesichert. Wenn sich ein Kind dennoch verletzt, kann Ihnen grundsätzlich keine Aufsichtspflichtverletzung vorgeworfen werden.

Das Maß der erforderlichen Aufsicht richtet sich nach den Besonderheiten der Kinder und der Gruppenzusammensetzung. Älteren Kindern kann man selbstverständlich mehr erlauben als Kleinkindern. Sie sollten jedoch nicht nur das Alter, sondern vor allem auch den

Entwicklungsstand, Charakter und auch das Verhalten der Kinder in der jeweiligen Gruppe berücksichtigen. Kinder mit auffälligem Sozialverhalten müssen besonders engmaschig beaufsichtigt werden.

Bei dem Punkt örtliche Gegebenheiten und Gefahrenquellen sollten Sie die Beschaffenheit des Geländes, auf dem die Kinder spielen, in Betracht ziehen. Wenn das Umfeld gefährlich ist, müssen Sie erhöhte Anforderungen an die Aufsichtspflicht stellen. Bevor Sie Kinder auf dem Außengelände, im Bewegungsraum oder in anderen Räumen unbeaufsichtigt spielen lassen, müssen Sie also vorher überprüfen, ob dieser Ort frei von Gefahrenquellen ist.

Je gefährlicher eine Beschäftigung ist, desto höher die Anforderungen an die Aufsicht. Dies bedeutet nicht, dass Sie den Kindern alle gefährlichen Beschäftigungen verbieten sollten. Doch bei Tätigkeiten wie Klettern, Schnitzen oder Raufen müssen Sie als pädagogische Fachkraft dabeibleiben und auf die Einhaltung der Regeln achten.

Das Maß der erforderlichen Aufsicht hängt auch von der Erfahrung der Fachkraft ab, davon, ob die Fachkraft die Kinder gut kennt und einschätzen kann. Kann sie sich darauf verlassen, dass die Kinder in Gefahrensituationen auf sie hören? Fachkräfte haben eine sogenannte Informationspflicht, das heißt, sie müssen sich über Verhaltensauffälligkeiten, Allergien oder sonstige Besonderheiten der Kinder informieren.

Um Ihre Aufsichtspflicht zu erfüllen, müssen Sie im pädagogischen Alltag eine Balance finden, die Kinder einerseits vor Gefahren zu schützen, ihnen gleichzeitig aber auch – entsprechend ihrem Entwicklungsstand – Freiheiten einzuräumen. So können die Kinder vielfältige Erfahrungen sammeln, sich erproben und lernen, mit Gefahren umzugehen. Pädagogische Fachkräfte sollten bei ihren Entscheidungen primär ihre pädagogischen Absichten und Ziele in den Mittelpunkt stellen und erst im zweiten Schritt danach fragen, wie sie bei der Umsetzung die Sicherheit der Kinder gewährleisten können (vgl. Schnurr 2021, S. 42). Das Maß der Aufsicht muss mit dem Erziehungsziel, Kinder in ihrer Entwicklung und ihrer freien Entfaltung zu unterstützen, in Einklang gebracht werden.

**Sie sind auf der (rechts-)sicheren Seite, wenn Sie folgende Kriterien beachten:**

- Besonderheiten des Kindes und der Gruppenzusammensetzung
- Örtliche Gegebenheiten und Gefahrenquellen
- Gefährlichkeit der Beschäftigung
- Erfahrung der Fachkraft

**Aus der Praxis**

Während der Erzieher Leo damit beschäftigt ist, den jüngeren Kindern Jacken und Schuhe anzuziehen, werden die älteren Kinder ungeduldig und möchten bereits aufs Außengelände gehen. Darf Leo die Kinder unbeaufsichtigt auf dem Außengelände spielen lassen?

§

Kinder unter drei Jahren sollten grundsätzlich lückenlos beaufsichtigt werden

(Bundesgerichtshof Az: IV ZR 210/18).

Ob Leo die älteren Kinder bereits alleine vorausschicken darf, hängt von den Kindern und vom Außengelände ab. Wenn es sich um normal entwickelte, sozial unauffällige Kinder handelt, die älter als 3 Jahre sind, darf der Erzieher sie auch unbeaufsichtigt aufs Außengelände lassen. Handelt es sich jedoch um

Wenn Kinder mit Werkzeugen umgehen, sollten Fachkräfte dabei sein

eine Gruppe von Kindern, bei denen Leo aufgrund bisheriger Erfahrungen damit rechnen kann, dass sie Unfug aushecken und sich nicht an Regeln halten, sollte er sie im Blick behalten.

Die Kinder dürfen selbstverständlich nur dann alleine nach draußen, wenn das Außengelände eingezäunt ist und sich dort keine besonderen Gefahrenquellen befinden. Wichtig ist, dass Leo zuvor einen Blick aufs Außengelände wirft und sich vergewissert, dass es sicher ist und nicht beispielsweise ein Planschbecken aufgestellt oder das Tor zur Straße offengelassen wurde (vgl. Schnurr 2018, S. 40–41).

§ **Umzäunung des Außengeländes**

Zusammenfassend kann festgestellt werden:

- Mindesthöhe 1 m. Bei besonderer Gefahrenlage im unmittelbaren Umfeld wie z. B. stark befahrene Straßen können höhere Einfriedungen erforderlich sein.
- Keine spitzen, scharfkantigen oder hervorspringenden Teile an der Einfriedung.
- Maschenweite < 5 cm.
- Türen und Tore, durch die das Außengelände verlassen werden kann, sind so zu gestalten, dass ein unerlaubtes Verlassen des Geländes verhindert wird.

(Vgl. DGUV Vorschrift 82)

## 2. Grenzen der Aufsichtspflicht

„Kinder soll man vor großen Gefahren schützen und ihnen gleichzeitig die Möglichkeit geben, kleinere Gefahren kennenzulernen." (Pikler 2000, S. 7) Pädagogische Fachkräfte sind verpflichtet, die Entwicklung der Kinder bestmöglich zu unterstützen (vgl. § 22 II, III SGB VIII). Es ist daher weder möglich noch sinnvoll, jede Gefahrensituation zu vermeiden, denn für eine vernünftige Entwicklung ist es notwendig, dass die Kinder lernen, mit Gefahren umzugehen, Neuland zu entdecken und sich zu erproben.

§ **Mit Gefahren umgehen lernen**

Jede Freiheitsgewährung ist bei unausgereiften Menschen mit Gefahren verbunden. Diese müssen im Rahmen der Erziehung in Kauf genommen werden, da andernfalls die weit schwerwiegendere Gefahr besteht, dass ein ständig beaufsichtigtes Kind, wenn es aus der Aufsicht entlassen wird, plötzlich vor Aufgaben gestellt wird, denen es in keiner Weise gewachsen ist.

(Oberlandesgericht Hamburg: Az. U38/65)

**Aus der Praxis**

Auf dem Außengelände der Kita Kunterbunt steht ein Baum mit kräftigen Seitenästen. Die Kinder lieben es, auf den Baum zu klettern. In der Teambesprechung kommt die Frage auf, ob es überhaupt zulässig ist, den Kindern das Klettern zu erlauben.

Die Entscheidung, ob Sie den Kindern das Klettern erlauben dürfen, müssen Sie davon abhängig machen, wie alt und wie geschickt die Kinder sind. Auf jeden Fall sollten Sie die Kletterversuche der Kinder zunächst beobachten, um entscheiden zu können, wie hoch sie klettern dürfen und ob Hilfestellung nötig ist. Wenn die Kinder dem Klettern körperlich gewachsen sind, sollten Sie es ihnen grundsätzlich ermöglichen. Prüfen Sie vorab, ob der Baum stabil gewachsen ist und der Untergrund unter dem Baum keine besonderen Gefahren aufweist. Dort dürfen sich keine hervorstehenden Wurzeln oder Steine befinden, sondern ein weicher Untergrund wie beispielsweise Sand oder Fallschutzmatten. Um dem Baum sollte ein Fallraum von 1,50 m frei gehalten werden. Wie hoch die Kinder jeweils klettern dürfen, können Sie mit farbigen Bändern kennzeichnen. Wichtig ist natürlich auch, dass die jeweilige Fachkraft die Kinder gut genug kennt, um sie einschätzen zu können und dass die Kinder auf die Fachkraft hören. Praktikant*innen, die erst kurze Zeit in der Kita sind, sollten die Kletterversuche der Kinder deshalb nicht begleiten. Außerdem dürfen Sie das Klettern natürlich nur dann erlauben, wenn sich genügend Erzieher*innen auf dem Außengelände befinden, sodass jeweils eine Fachkraft die Kletterversuche der Kinder am Baum überwachen kann.

Haben Sie diese Kriterien geprüft, können die Kinder mit dem Klettern loslegen. Es ist wichtig für Kinder, möglichst vielfältige Erfahrungen zu sammeln und sich auch im Klettern zu erproben (vgl. Schnurr 2021, S. 235, Schnurr 2018, S. 36–39). Was pädagogisch nachvollziehbar begründet ist, kann keine Aufsichtspflichtverletzung sein (Pimmer-Jüsten 2019, S. 16).

**Aus der Praxis**
Alle Kinder der Grashüpfer-Gruppe befinden sich im Außengelände und spielen. Eine Erzieherin steht an der Nestschaukel, eine andere am Klettergerüst. Von ihnen unbemerkt klettert der 5-jährige Jasper am Geländer der Rutsche herum. Schließlich rutscht er ab, stürzt und zieht sich eine Platzwunde am Kopf zu.

Die Grenze der erforderlichen Maßnahmen richtet sich danach, was einer verständigen Aufsichtsperson in der konkreten Situation vernünftigerweise abverlangt werden kann.

(Vgl. BGH Az: VI ZR 176/86; BGH Az: VI ZR 205/89)

Liegt in diesem Beispiel eine Aufsichtspflichtverletzung vor? Es gibt keine Anhaltspunkte dafür. Die Fachkräfte genügen ihrer Aufsichtspflicht, wenn sie das veranlasst haben, was eine verständige Aufsichtsperson in der jeweiligen Situation unternehmen würde. Es war durchaus vernünftig, dass die Erzieherinnen auf dem Außengelände an der Nestschaukel und beim Klettergerüst standen, weil es sich um besonders gefahrenträchtige Orte handelt. An die Aufsichtspflicht werden keine unerfüllbaren Anforderungen gestellt. Verlangt wird nur, was zumutbar ist. Es ist nicht zumutbar und auch nicht möglich, alle Bereiche des Außengeländes gleichzeitig im Blick zu behalten.

## 3. Dürfen Kinder in der Kita unbeaufsichtigt spielen?

Normal entwickelte Kinder, die älter als 3 Jahre sind, müssen Sie in der Kita grundsätzlich nicht lückenlos beaufsichtigen. Kinder brauchen Freiräume, um sich gesund zu entwickeln. Pädagogische Fachkräfte sind verpflichtet, die Entwicklung der Kinder zu selbstständigen und eigenverantwortlichen Persönlichkeiten bestmöglich zu fördern (vgl. § 22 II, III SGB VIII). Deshalb ist es nicht sinnvoll und sogar unzulässig, Kinder ständig zu kontrollieren, sie übermäßig einzuschränken und jede Gefahrensituation zu vermeiden (Oberlandesgericht Düsseldorf AZ. 18 U 225/94). Zu viel Aufsicht ist ebenso falsch wie zu wenig Aufsicht (Prott, 2011, S. 17).

## 4. Nichts wie raus! Ausflüge in Stadt, Wald, Zoo

Nicht wenige Kinder verbringen ihre frühe Kindheit mangels Zeit oder Möglichkeiten der Eltern fast ausschließlich in der Kita und zu Hause. Deshalb ist es wichtig, dass pädagogische Fachkräfte den Kindern Erlebnisse auch außerhalb der Kita ermöglichen. Waldausflüge, Stadtteilerkundungen, der Besuch kultureller Einrichtungen, eines Kindertheaters, einer Bibliothek oder eines Tiergartens bieten Kindern wichtige Erfahrungen und Anregungen. Doch auf was müssen pädagogische Fachkräfte bei der Planung eines Ausfluges achten, um rechtlich auf der sicheren Seite zu sein?

Ausflüge sind vom Betreuungsvertrag grundsätzlich nicht gedeckt. Deshalb sollten Sie vorab eine Einverständniserklärung der Eltern einholen. Wenn in einer Kita nach der Konzeption regelmäßig Wald- oder Draußentage stattfinden oder wenn die Eltern bereits im Betreuungsvertrag den Ausflügen zugestimmt haben, ist eine zusätzliche Einverständniserklärung nicht notwendig. In jedem Fall ist es aber sinnvoll, am Vortag noch mal mit einem Aushang an den Ausflug zu erinnern und darauf hinzuweisen, dass die Kinder mit passender Kleidung, festen Schuhen und gepacktem Rucksack in die Kita kommen sollen.

Gefahrenträchtige Bereiche im Blick behalten

## Checkliste für die Vorbereitung von Kita-Ausflügen

- ☐ Elternbrief
- ☐ Einverständniserklärung der Eltern einsammeln
- ☐ Verhaltensregeln mit Kindern besprechen
- ☐ Besichtigung der örtlichen Gegebenheiten

**Packliste:**

- ☐ Erste-Hilfe-Tasche
- ☐ Handy (aufgeladen?)
- ☐ Liste der teilnehmenden Kinder
- ☐ Telefonnummer der Kita
- ☐ Handynummern aller Begleitpersonen
- ☐ Notrufnummern der Eltern
- ☐ Taschentücher
- ☐ Wasser
- ☐ Regenkleidung, ggf. Sonnenschutz

Quelle: kindergarten heute 6_7/2021, Downloads

Sicherer Transport im Kinderwagen

### Wie viele Personen sollten einen Kita-Ausflug begleiten?

Wie viele Personen den Ausflug begleiten müssen, hängt vom jeweiligen Ziel und dem Alter der Kinder ab. Bei 5- bis 6-Jährigen sind Sie mit einem Betreuungsschlüssel von 1:5 in einem Regelkindergarten grundsätzlich auf der sicheren Seite. Eine pädagogische Fachkraft sollte keinesfalls für mehr als zehn Kinder verantwortlich sein. Mehr Aufsichtspersonen sind nötig, wenn

- jüngere Kinder teilnehmen,
- verhaltensauffällige oder entwicklungsverzögerte Kinder Sie begleiten,
- es sich um einen Ausflug mit besonderen Gefahren handelt (z. B. gefährliche Straßen überquert werden müssen.

Unabhängig vom Betreuungsschlüssel müssen jedoch immer mindestens zwei Aufsichtspersonen mitgehen, damit sich bei einem Notfall die zweite Betreuungsperson um die anderen Kinder kümmern kann. Wenigstens eine Begleitperson muss eine Ersthelfer*innenausbildung haben. Außerdem sollten Ersthelfer*innenausbildungen alle zwei Jahre aufgefrischt werden (vgl. GUV-V A5 §7).

Im Straßenverkehr mit genügend Aufsichtspersonen absichern

### Eltern als Begleitpersonen

Pädagogische Fachkräfte können Eltern, Großeltern oder sonstige Ehrenamtliche bitten, sie bei Ausflügen zu begleiten und zu unterstützen. Es ist zulässig, dass pädagogische Fachkräfte die Aufsicht auf Dritte übertragen, wenn

- diese für einen solchen Auftrag die nötige Eignung mitbringen,
- sie hinreichend angeleitet werden und
- die Fachkräfte einen Blick darauf werfen, dass sie die übernommenen Aufgaben gewissenhaft ausführen.

Bei Eltern können Sie in der Regel davon ausgehen, dass sie die nötige Eignung mitbringen. Eltern oder sonstige Hilfspersonen, die Erzieher*innen auf Ausflügen unterstützen, sind während des Ausflugs durch die Unfallkasse abgesichert.

**Was ist bei Ausflügen mit U3-Kindern zu beachten?**
Bei Ausflügen mit Kindern unter 3 Jahren müssen Sie besonders hohe Anforderungen an die Beaufsichtigung stellen. Je nach Ausflugsziel sollte eine Betreuungsperson grundsätzlich maximal zwei Kleinkinder beaufsichtigen. In gefährlichen Situationen können Sie so an jede Hand ein Kind nehmen. Etwas anderes gilt natürlich, wenn mehrere Kinder in einem geeigneten Bollerwagen angeschnallt sitzen.

**Versicherungsschutz bei Ausflügen**
Wird bei der Fahrt zum Ausflugsziel oder auf dem Ausflug ein Kind oder eine Begleitperson verletzt, kommt hierfür die gesetzliche Unfallversicherung auf. Kinder, Beschäftigte und Begleitpersonen sind bei Ausflügen und auf dem Weg zum Ausflugsziel gesetzlich unfallversichert, selbst dann, wenn die Ausflüge außerhalb der normalen Öffnungszeiten der Kita stattfinden.

**Aus der Praxis:**
Die Erzieherin Mara möchte mit den Vorschulkindern der Kita Stadtmäuse einen Waldausflug machen und dort picknicken. Sie fragt sich, was sie organisatorisch bedenken muss.

Mara sollte vorab eine schriftliche Einverständniserklärung der Eltern einholen. Mit den Kindern sollte sie vor dem Ausflug Verhaltensregeln besprechen. Es kann sinnvoll sein, die geplante Strecke im Vorfeld abzufahren, um mögliche Gefahrenquellen zu kennen. Außerdem sollte Mara wenigstens von einer weiteren Betreuungsperson unterstützt werden. Wenn der Weg zum Wald nicht besonders gefährlich ist und keine Kinder mit besonderen Verhaltensauffälligkeiten mitgenommen werden, reicht es in der Regel, wenn zehn Vorschulkinder von zwei Personen begleitet werden.

**Transport im privaten Pkw**
Kita-Kinder dürfen zum Ausflugsziel im Privat Pkw der Erzieher*innen, Eltern oder sonstiger Personen transportiert werden, vorausgesetzt, der Träger der Kita und die Sorgeberechtigten der Kinder sind damit einverstanden. Eine Einverständniserklärung der Eltern ist erforderlich, da die Mitnahme im Privat-Pkw vom Betreuungsvertrag nicht gedeckt ist.

Liebe Eltern,

wir möchten am ____________ einen Ausflug in den Stadtwald unternehmen. Wir werden um 9:00 Uhr von der Kita loslaufen und ca. um 12:00 Uhr zurückkommen.

Achten Sie bitte an diesem Tag auf passende Kleidung, Sonnenschutz, festes Schuhwerk und einen kleinen Rucksack für das Frühstück.

Bitte geben Sie den unteren Abschnitt dieses Schreibens bis zum ____________ bei ____________ ab. Vielen Dank!

---

Mein Kind ____________ darf am ____________ am Ausflug

☐ teilnehmen

☐ nicht teilnehmen.

____________________________________

Datum und Unterschrift der Sorgeberechtigten

Quelle: kindergarten heute 4/2017, Downloads

Es empfiehlt sich, den Eltern vorab die Fahrer*innen der Pkws mitzuteilen. Aus Beweisgründen sollte die Einverständniserklärung der Eltern schriftlich eingeholt werden (vgl. Schnurr 2021, S. 33).

Wenn die Kinder im Pkw der Eltern oder Erzieher*innen zum Ausflugsziel fahren, sind sie ebenso gesetzlich unfallversichert, wie wenn sie zu Fuß, mit Bahn oder Bus unterwegs sind. Die Unfallversicherung kommt für alle unfallbedingten Körper- und Gesundheitsschäden auf. Eine persönliche Haftung der pädagogischen Fachkraft oder des Elternteils, der das Auto gefahren oder die Kinder

**Waldregeln**

- Wir klettern nicht auf Holzstapel.
- Wir bleiben immer in Sicht- und Hörweite.
- Wir essen keine Waldfrüchte.
- Wir fassen keine toten Tiere oder Kot an.
- Wir werfen keine Steine oder Stöcke.
- Wir klettern nicht auf Bäume, es sei denn, ein Baum wurde von den Erzieher*innen als „Kletterbaum" ausgewiesen.
- Wir gehen respektvoll mit Tieren und Pflanzen um.
- Wir hinterlassen keinen Müll im Wald.

beim Ausflug beaufsichtigt hat, kommt nur in den äußerst seltenen Fällen in Betracht, in denen sie den Unfall vorsätzlich oder grob fahrlässig herbeigeführt haben (vgl. Schnurr 2018, S. 52–54). Grobe Fahrlässigkeit läge beispielsweise dann vor, wenn Kinder ohne Kindersitz transportiert werden oder eine rote Ampel überfahren wird.

Sachschäden werden anders als Körperschäden von der gesetzlichen Unfallversicherung nicht ersetzt. Hierfür kommt gegebenenfalls die Betriebshaftpflichtversicherung der Kita, die Berufshaftpflichtversicherung oder bei einem Autounfall die Kfz-Versicherung auf.

Ein sicherer Umgang mit Feuer kann auch am Lagerfeuer eingeübt werden

## 5. Kerzen, Windlichter und Lagerfeuer – offenes Feuer in der Kita

In einigen Kitas gehört ein großes Lagerfeuer nach dem Martinsumzug oder beim Sommerfest selbstverständlich dazu, in anderen Kitas wird sogar der Adventskranz nur mit flackernden LED-Leuchten bestückt. Was müssen Sie bedenken, wenn Sie im Gruppenraum eine Kerze anzünden möchten oder ein Lagerfeuer für die Kinder planen?

**Aus der Praxis:**
In der Kita Sonnenschein bekommen Geburtstagskinder einen Kuchen mit brennenden Geburtstagskerzen. Heute ist Marie an der Reihe: Sie wird 5 Jahre alt. Das Mädchen ist aufgeregt und kann es kaum abwarten. Beim Auspusten bewegt sie sich so hastig, dass sie ihre langen Haare versengt. Maries Eltern sind von der neuen Frisur ihrer Tochter alles andere als begeistert.

Offenes Feuer, Kerzen und Lagerfeuer sind in Kitas grundsätzlich nicht verboten. Nach der Rechtsprechung sind bei offenem Feuer und dem Umgang mit Zündmitteln jedoch besonders strenge Anforderungen an die Aufsichtspflicht zu stellen. Aus diesem Grund untersagen manche Träger in ihrer Brandschutzordnung offenes Feuer leider ganz. Besser wäre es, wenn Kinder von klein auf in der Kita den richtigen Umgang mit Feuer lernen. Eine Brandschutzerziehung und ein angeleiteter Umgang mit Feuer können Unfälle verhindern.

Sofern die Brandschutzordnung Ihrer Einrichtung offenes Feuer nicht verbietet, ist nichts dagegen einzuwenden, dass Sie zu besonderen Anlässen, in der Weihnachtszeit oder zum Geburtstag, eine Kerze anzünden. Kinder können dabei lernen, sicher mit Feuer umzugehen, und Kerzen zaubern doch eine andere Atmosphäre als LED-Lampen. Es gibt jedoch einige Sicherheitsvorkehrungen, die Sie beim Umgang mit offenem Feuer einhalten müssen:
Bevor Sie die Kerze anzünden, müssen Sie mit den Kindern **Regeln im Umgang mit Feuer** besprechen: Sie sollten den Kindern vermitteln, welche Gefahren von Feuer ausgehen, dass Feuer deswegen immer beaufsichtigt werden muss und wie man sich verhält, wenn es zu einem Brand kommt. Sie sollten die Kinder auch darauf hinweisen, beim Ausblasen der Kerze darauf zu achten, dass Haare und Kleidungsstücke kein Feuer fangen.

### Kerzen

- Mit Kindern Regeln im Umgang mit dem Feuer besprechen.
- Feuerzeug oder Streichhölzer unerreichbar wegräumen.
- Feuerfeste Unterlage.
- Kein brennbares Material in unmittelbarer Nähe.
- Kerze im Blick behalten.
- Löschmöglichkeit.

Selbstverständlich dürfen Sie die Kerze nie unbeaufsichtigt brennen lassen. Auch wenn Sie nur für kurze Zeit den Raum verlassen, müssen Sie die Kerze löschen.

Nach dem Anzünden der Kerze sollten Sie unbedingt darauf achten, Feuerzeug oder Streichhölzer für die Kinder unerreichbar wegzuräumen. Die Kerze muss sicher auf einer feuerfesten, nicht brennbaren Unterlage stehen. In direkter Nähe darf sich kein brennbares Material befinden. Kerzen auf Adventskränzen können deswegen problematisch sein, wenn die Zweige des Kranzes im Laufe der Zeit trockener werden.

Achten Sie darauf, dass immer eine Löschmöglichkeit in erreichbarer Nähe vorhanden ist. Befindet sich im Gruppenraum ein Wasserhahn, reicht es, wenn man ein großes Gefäß zur Hand hat. Ist dies nicht der Fall, sollten Sie einen Eimer mit Wasser, eine Löschdecke oder einen Feuerlöscher bereithalten (vgl. Schnurr 2018, S. 45-46).

**Aus der Praxis:**
Die Kita Waldwichtel plant für das Sommerfest ein großes Lagerfeuer. Es sollen Stockbrot und Würstchen über dem Feuer gegrillt werden. Doch nun hat die Leiterin Karin doch Bedenken: Was ist, wenn etwas passiert? Kann sie haftbar gemacht werden?

Ein Lagerfeuer in der Kita ist ein ganz besonderes Erlebnis. Lodernde Flammen, das Knistern von verbrennenden Scheiten, der Geruch und die besondere Atmosphäre faszinieren die meisten Kinder. Aufsichtsrechtlich steht einem Lagerfeuer nichts entgegen, wenn die notwendigen Sicherheitsaspekte eingehalten werden. Im Gegenteil: Ein Lagerfeuer in der Kita bietet vielfältige Möglichkeiten einer praxisnahen Brandschutzerziehung. Die Kinder können den richtigen und sorgfältigen Umgang mit Feuer einüben.

Bitte beachten Sie, dass in einigen Städten und Gemeinden Lagerfeuer bei der Stadt- oder Gemeindeverwaltung (oder dem Ordnungsamt) angemeldet werden müssen. Die jeweiligen Vorschriften unterscheiden sich regional. Bei einem Lagerfeuer ohne erforderliche Genehmigung können empfindliche Geldbußen drohen.

### Sicheres Lagerfeuer in der Kita

- Das Feuer muss stets beaufsichtigt werden.
- Feuerstelle abgrenzen.
- Zum Anzünden keine Brandbeschleuniger verwenden.
- Sicherheitsabstand von der Feuerstelle einhalten.
- Löschmittel (Wasser/Sand) bereithalten.
- Keine Ballspiele oder wilde Bewegungsspiele in der Nähe der Feuerstelle.
- Besondere Vorsicht bei leicht entzündlicher Kleidung aus Kunstfaser.
- Beim Verlassen der Feuerstelle diese mit geeigneten Löschmitteln (Wasser, Sand) löschen.
- Gegebenenfalls Genehmigung bei der Gemeindeverwaltung einholen.

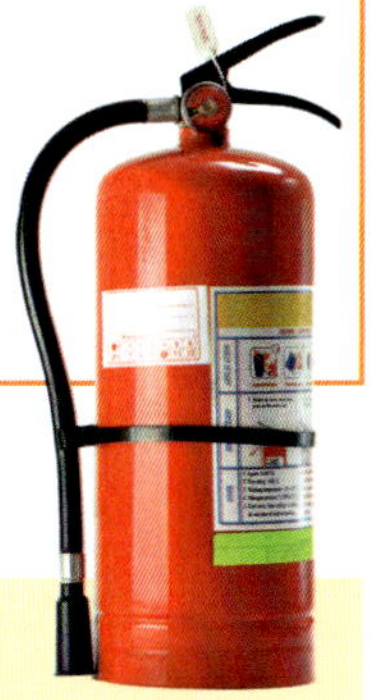

### Quiz für Feuerexperten

**1. Frage:** Wer muss dabei sein, wenn du etwas mit Feuer ausprobierst?
**Antwort:** Mama, Papa, Oma, Opa, Erzieher*innen (nur Erwachsene).

**2. Frage:** Weißt du, was brennen kann? Kann dein Pulli brennen? Können deine Haare brennen? Kann der Sand brennen? Kann dieses Papier brennen?
**Antworten:** Ja oder nein.

**3. Frage:** Womit darfst du Feuer auslöschen?
**Antwort:** Mit Wasser (Ausnahme: nicht bei brennendem Öl, Fett, o. Ä.) und Sand.

**4. Frage:** Wo findest du hier Wasser und Sand?
**Antwort:** Der Wassereimer steht hier unter der Station und Sand ist in der Schale.

**5. Frage:** Womit kann ich im Notfall hier ein Feuer löschen?
**Antwort:** Auch mit Wasser hier aus dem Eimer (Ausnahme s. o.), mit Schaum aus dem Feuerlöscher oder einer dicken Wolldecke.

**6. Frage:** Wo ist der nächste Feuerlöscher?
**Antwort:** Neben unserer Tür.

**7. Frage:** Stell dir vor, du bist ganz allein in der Wohnung und es fängt ganz gefährlich an zu brennen. Was musst du zuerst tun? Und danach?
**Antwort:** Vom Feuer weglaufen und mich selbst in Sicherheit bringen. Laut um Hilfe rufen („Hilfe, es brennt!"). Die Feuerwehr mit dem Handy anrufen, wenn das möglich ist. Ich darf mich nicht verstecken!

**8. Frage:** Wie lautet die Telefonnummer der Feuerwehr?
**Antwort:** 112.

Quelle: kindergarten heute 10/2011, S. 20–23

Wo bleiben sie denn? Ständige Verspätungen belasten Kinder und Fachkräfte

## 6. Wenn Eltern ständig unpünktlich sind

Bring- und Abholzeiten werden mit den Sorgeberechtigten verbindlich im Betreuungsvertrag vereinbart. Die Eltern sind deshalb vertraglich verpflichtet, ihre Kinder zu den vereinbarten Zeiten zu bringen und abzuholen. Welche Möglichkeiten haben Sie, wenn sich die Eltern nicht daran halten und ständig zu spät kommen?

**Aus der Praxis:**
Es ist Freitagnachmittag, 17:15 Uhr. Alle Kinder der Kita Pusteblume wurden bereits abgeholt, nur Finn wartet wie so oft auf seine Eltern. Die Betreuungszeit der Kita Pusteblume endet freitags bereits um 17:00 Uhr. Finn wird auch morgens selten pünktlich in die Kita gebracht.

Wenn Eltern ihr Kind unpünktlich abholen, dürfen Fachkräfte das Kind selbstverständlich nicht nach der vereinbarten Abholzeit unbeaufsichtigt lassen. Auch wenn die Eltern gegen ihre vertragliche Verpflichtung verstoßen, bleibt die Verpflichtung der Kita bestehen, das Kind zu beaufsichtigen, bis es einer abholberechtigten Person übergeben werden kann.

Das Kind muss aber nicht von einer pädagogischen Fachkraft beaufsichtigt werden. Die Erzieher*innen sind berechtigt, ihre Aufsichtspflicht an Dritte zu delegieren. Sie können das Kind bei einer vertrauenswürdigen Person, beispielsweise dem/der Hausmeister*in oder einer Putzhilfe, lassen, wenn diese bereit sind, die Aufsicht zu übernehmen. Eine vertraute Bezugsperson sollte dann aber zusätzlich telefonisch erreichbar sein, damit sie sich um das Kind kümmern kann, falls die Eltern nicht zeitnah eintreffen. Die Fachkräfte können das Kind auch einer anderen abholberechtigten Person mitgeben, beispielsweise den Eltern eines Freundes, wenn diese auf der Abholliste stehen.

Wird ein Kind, wie Finn im Fallbeispiel, nicht rechtzeitig abgeholt, sollten Sie zunächst die Eltern anrufen. Falls Sie sie nicht erreichen, können Sie auch die auf der Abholliste genannten Personen anrufen und sie bitten, das Kind abzuholen. Sollte eine abholberechtigte Person bereit sein, das Kind zu betreuen, aber keine Möglichkeit haben, es abzuholen, kann das Kind auf Kosten der Eltern mit einem Taxi zu dieser Person gebracht werden. Das gilt nur, wenn die Kosten für das Taxi nicht unverhältnismäßig hoch sind.

In jedem Fall sollten Sie nicht vergessen, an der Kita-Tür ein Hinweisschild für die Eltern zu hinterlassen, auf dem steht, wo sich ihr Kind befindet.

Wird ein Kind nicht von der Kita abgeholt und kann es auch zu keiner anderen Person gebracht werden, können Sie als nächsten Schritt das Jugendamt oder die Polizei anrufen. Diese Hilfe sollten Sie jedoch nur dann in Anspruch nehmen, wenn keine andere Möglichkeit in Betracht kommt. Nur die wenigsten Kinder finden es spannend, von der Polizei von der Kita abgeholt zu werden. Ein Abholen durch eine*n Mitabeiter*in der Polizei oder des Jugendamts könnte das Kind unnötig traumatisieren.

Dehnen Eltern immer wieder die Betreuungszeiten der Kita aus, indem sie notorisch zu spät kommen, ist es rechtlich möglich, nach einer erfolglosen Abmahnung den Betreuungsvertrag zu kündigen (§314 BGB) oder eine Verspätungsgebühr zu erheben. Das Verwaltungsgericht Gießen hat beispielsweise eine Verspätungsgebühr in Höhe von zehn Euro pro angefangener Viertelstunde für angemessen erachtet (vgl. Verwaltungsgericht Gießen Urteil vom 11.06.2008 – 8 E 1490/07). Kündigung oder Verspätungsgebühr sollten selbstverständlich nur als letzte Lösung in Betracht kommen. Möglicherweise kann das Wissen um diese beiden Interventionsmöglichkeiten dem Gespräch mit den Eltern einen gewissen Nachdruck verleihen.

Wird ein Kind morgens zu spät gebracht, ist es rechtlich zulässig, nach der vertraglich vereinbarten Bringzeit die Türen abzuschließen und zeitweise die Klingel abzuschalten, damit Eltern durch ihre Verspätung nicht den Ablauf der Kita – zum Beispiel den Morgenkreis – stören. Aus Brandschutzgründen müssen die Fluchttüren von innen allerdings immer zu öffnen sein.

Auch wenn es rechtlich möglich ist, die Pünktlichkeit der Eltern durchzusetzen, muss im Einzelfall abgewogen werden, was für das Kind, für die Beziehung zu den Eltern und die Atmosphäre in der Kita besser ist. Die Unpünktlichkeit der Eltern einfach hinzunehmen, birgt allerdings die Gefahr, dass der ständige Ärger über die Unpünktlichkeit das Verhältnis zu den Eltern schleichend belastet. Da lohnt es sich auf lange Sicht vielleicht doch, die Bring- und Abholzeiten noch einmal klar zu kommunizieren und deren Einhaltung auch durchzusetzen.

### Unpünktlichkeit – nur eines von vielen Problemen?

Unpünktliches Bringen und Abholen der Eltern können auch ein Hinweis auf tiefer liegende Probleme der Familie sein, wie beispielsweise Depressionen, sonstige psychische Erkrankungen oder auch Abhängigkeiten wie eine Drogensucht.

Wenn Sie Sorge haben, dass das Wohl des Kindes durch die Probleme in der Familie gefährdet wird, oder wenn Sie Anhaltspunkte einer möglichen Verwahrlosung des Kindes sehen, sollten Sie unbedingt nach dem Schutzkonzept Ihrer Kita handeln.

Sie sollten sich dann von einer insoweit erfahrenen Fachkraft beraten lassen, Ihre Beobachtungen regelmäßig notieren und die Familie auf geeignete Hilfsangebote hinweisen (vgl. Kapitel II.). Möglicherweise benötigt die Familie zudem Unterstützung durch das Jugendamt.

Stellen Sie fest, dass mehrere Familien Schwierigkeiten haben, die Bring- und Abholzeiten Ihrer Kita pünktlich einzuhalten, kann eine Bedarfsabfrage zu den Betreuungszeiten sinnvoll sein. Im Rahmen der Erziehungspartnerschaft ist es wünschenswert, die Betreuungszeiten der Kita mit den Bedürfnissen der Eltern abzustimmen.

## 7. Mittagsruhe in der Kita

Pädagogische Fachkräfte sind verpflichtet, die Kinder während des Mittagsschlafs in der Kita zu beaufsichtigen. Welche Maßnahmen beim Mittagsschlaf in der Kita erforderlich sind, um der Aufsichtspflicht zu genügen, hängt nach stetiger Rechtsprechung vom Alter und Entwicklungsstand der Kinder, von der Gruppengröße und von der jeweiligen räumlichen Situation ab. Was dies konkret für die Aufsicht während des Mittagsschlafes bedeutet, soll im Folgenden dargestellt werden.

### Aus der Praxis

Nach dem Mittagessen gehen die Kinder der Kita „Arche" regelmäßig in die abgedunkelte Turnhalle. Dort dürfen sie sich mit einer Kuscheldecke auf die ausgelegten Matten legen. Die Erzieherin liest den Kindern eine Fantasiegeschichte zum Entspannen und Einschlafen vor. Nach der Geschichte geht die Erzieherin mit den Kindern, die nicht schlafen möchten, leise in den Gruppenraum. Für die schlafenden Kinder stellt sie ein Babyfon auf. Die Tür zur Turnhalle lässt sie einen Spalt offen.

Es reicht nicht aus, Kinder während des Mittagsschlafes nur mit einem Babyfon zu beaufsichtigen. Babyfone sind störanfällig und verschiedene Gefahren wie beispielsweise Erbrechen oder Atemnot können damit nicht wahrgenommen werden. Ein Babyfon ist deshalb lediglich zur Ergänzung anderer Aufsichtsmaßnahmen, nicht aber als alleinige Überwachungsmaßnahme geeignet (vgl. Unfallkasse BW 2017). Falls das Babyfon mit einer Kamera versehen ist, ist für die Videoüberwachung eine Einwilligung der Eltern erforderlich.

### Kinder bis 3 Jahren

Je jünger Kinder sind und je mehr Kinder gemeinsam schlafen, umso enger muss die Aufsichtsführung sein. Kinder bis 3 Jahren müssen nach ständiger Rechtsprechung grundsätzlich durchgängig beaufsichtigt werden. Deshalb sollte bei Kindern bis 3 Jahren ein*e Erzieher*in oder sonstige Aufsichtsperson im

Schon aufgewacht? Bei unter 3-Jährigen immer den Schlafraum im Blick behalten

Schlafraum anwesend sein. Je nach den örtlichen Gegebenheiten kann es aber auch ausreichen, wenn die Türe zum Schlafraum offen bleibt, vorausgesetzt, es wird sichergestellt, dass eine Fachkraft es zuverlässig mitbekommt, wenn ein Kind wach wird.

Bei Kindern unter einem Jahr werden besonders hohe Anforderungen an die Aufsichtspflicht gestellt. In diesem Alter besteht das Risiko eines plötzlichen Kindstods und eine erhöhte Gefahr, im Schlaf zu ersticken. Da Ersticken lautlos oder sehr leise stattfinden kann, würde ein Babyfon nur eine trügerische Sicherheit vermitteln. Fachkräfte müssen eine lückenlose Beaufsichtigung durch eine „Schlafwache“ sicherstellen. Um das Risiko des plötzlichen Kindstods im ersten Lebensjahr zu vermindern, sollte das Kind zum Schlafen auf den Rücken gelegt werden. Die Matratze sollte nicht zu weich sein, auf ein Kopfkissen muss verzichtet werden. Statt einer Bettdecke sollte ein Schlafsack verwendet werden, um zu verhindern, dass der Kopf des Babys vom Bettzeug verdeckt wird. Es dürfen sich keine Bänder oder Schnüre am Schlafsack oder in der Reichweite des Kindes befinden. Spielzeug im Bett, insbesondere, wenn es quer über das Bett gespannt ist, kann für das Kind gefährlich sein. Eine Überwärmung des Kindes muss unbedingt vermieden werden. Die ideale Zimmertemperatur sollte beim Schlafen etwa bei 16 bis 18 Grad Celsius liegen. Das Babybett darf nicht neben der Heizung oder in der Sonne stehen.

§ Die Betten müssen der DIN EN 716-1 und §§ 22, 23 DGUV Vorschrift 82 entsprechen.

### Kinder über 3 Jahren

Kinder, die älter als 3 Jahre sind und keine besonderen Verhaltensauffälligkeiten zeigen, müssen während des Mittagsschlafes grundsätzlich nicht von einer Aufsichtsperson im Schlafraum betreut werden. Es reicht, wenn sie allein in einem Raum schlafen und regelmäßig bei den Kindern geschaut wird, ob alles in Ordnung ist. Stellt man zusätzlich noch ein Babyfon auf, ist man rechtlich auf der sicheren Seite.

Handelt es sich dagegen um Kinder mit Verhaltensauffälligkeiten, Entwicklungsverzögerungen oder Krankheiten, oder befinden sich im Schlafraum Gefahrenquellen, sind erhöhte Anforderungen an die Aufsichtspflicht zu stellen. Je nach Einzelfall, insbesondere bei auffällig aggressiven Kindern, kann eine lückenlose Beaufsichtigung während der Schlafenszeit geboten sein. Ist ein Kind auf den Kopf gestürzt, sollte immer eine Aufsichtsperson beim schlafenden oder ruhenden Kind bleiben, denn es besteht die Gefahr, dass das Kind infolge einer Gehirnerschütterung bewusstlos wird, erbricht und möglicherweise am Erbrochenen erstickt.

### Gefahrenquellen im Schlafraum

Nicht jede Kita verfügt über einen separaten Ruheraum. Wenn die Kinder im Gruppenraum, in der Turnhalle oder anderen Räumen schlafen, muss geprüft werden, ob sich Gefahrenquellen im Raum befinden. Schlafen die Kinder im Gruppenraum, müssen sämtliche Kleinteile, Prickelnadeln, Kleber oder Ähnliches für die Kinder unerreichbar weggeräumt werden. Im Fallbeispiel muss sichergestellt werden, dass sich keine Seile oder Sportgeräte in der Turnhalle befinden und dass die Sprossenwände abgesichert wurden. Ist dies nicht möglich, muss eine Aufsichtsperson im Schlafraum bleiben, auch dann, wenn die Kinder bereits älter als 3 Jahre sind.

Bei den Betten der Kinder sollte auf das GS-Zeichen („geprüfte Sicherheit“) geachtet werden. Mit dem GS-Zeichen wird bescheinigt, dass das Bett den Sicherheitsanforderungen

sichtspflicht auf Dritte ist zulässig, wenn Sie die Person, auf die Sie die Aufsicht übertragen, sorgfältig auswählen und ab und zu einen Blick darauf werfen, ob sie ihrer Aufsichtspflicht auch tatsächlich nachkommt.

### Aus der Praxis

Die Kita Regenbogen plant einen Sankt Martinszug. „St. Martin“ soll auf einem Pferd dem Umzug voranreiten, die Kinder folgen mit ihren Eltern und ihren Laternen. Anschließend plant die Kita ein geselliges Beisammensein auf dem Außengelände mit Martinsbrezeln und Kinderpunsch.

Planen Sie mit Ihrer Kita einen Martinsumzug, müssen Sie diesen Umzug rechtzeitig beim Ordnungsamt anmelden und eine Genehmigung einholen. Fügen Sie dem Antrag beim Ordnungsamt einen Plan bei, dem man entnehmen kann, welche Wege der Martinsumzug gehen soll. Auch sollten Sie vorab mit Polizei und Feuerwehr Kontakt aufnehmen, um gemeinsam zu klären, wie der Zug abgesichert werden soll.

Die Aufsichtspflicht während der Veranstaltung liegt grundsätzlich bei den Eltern, die ihre Kinder begleiten. Denn Martinsumzüge finden in der Regel nicht während der regulären Öffnungszeiten der Kita statt, sondern am späten Nachmittag oder abends. Eltern gehen jedoch oft davon aus, dass sie sich auf Veranstaltungen der Kita nicht um ihre Kinder kümmern müssen. Um Missverständnisse zu vermeiden, sollten Sie Eltern bereits im Einladungsschreiben zum Martinsumzug ausdrücklich darauf hinweisen, dass sie während der Veranstaltung die Aufsichtspflicht für ihre Kinder haben und dass die Aufsicht nicht von den pädagogischen Fachkräften der Kita übernommen werden kann.

Beim Laternenlauf auf der sicheren Seite

### Wer haftet, wenn etwas kaputtgeht?

**Haftung für Schäden, die Kinder auf Kita-Festen verursachen**

**Kinder**
unter 7 Jahren haften nicht für Schäden, die sie angerichtet haben, vgl. § 828 I BGB.

**Kinder**
von 7–18 Jahren haften nur, wenn sie die zur Erkenntnis der Verantwortlichkeit erforderliche Einsicht hatten, vgl. § 828 III BGB.

**Sorgeberechtigte (Eltern)**
haften nur, wenn sie ihre Aufsichtspflicht verletzt haben, vgl. § 832 BGB.

**Kita**
haftet nur, wenn
- die Kita die Aufsichtspflicht übernommen hat **und**
- die Aufsichtspflicht verletzt wurde

vgl. § 832 BGB.

Quelle: kindergarten heute 2/2017, Downloads

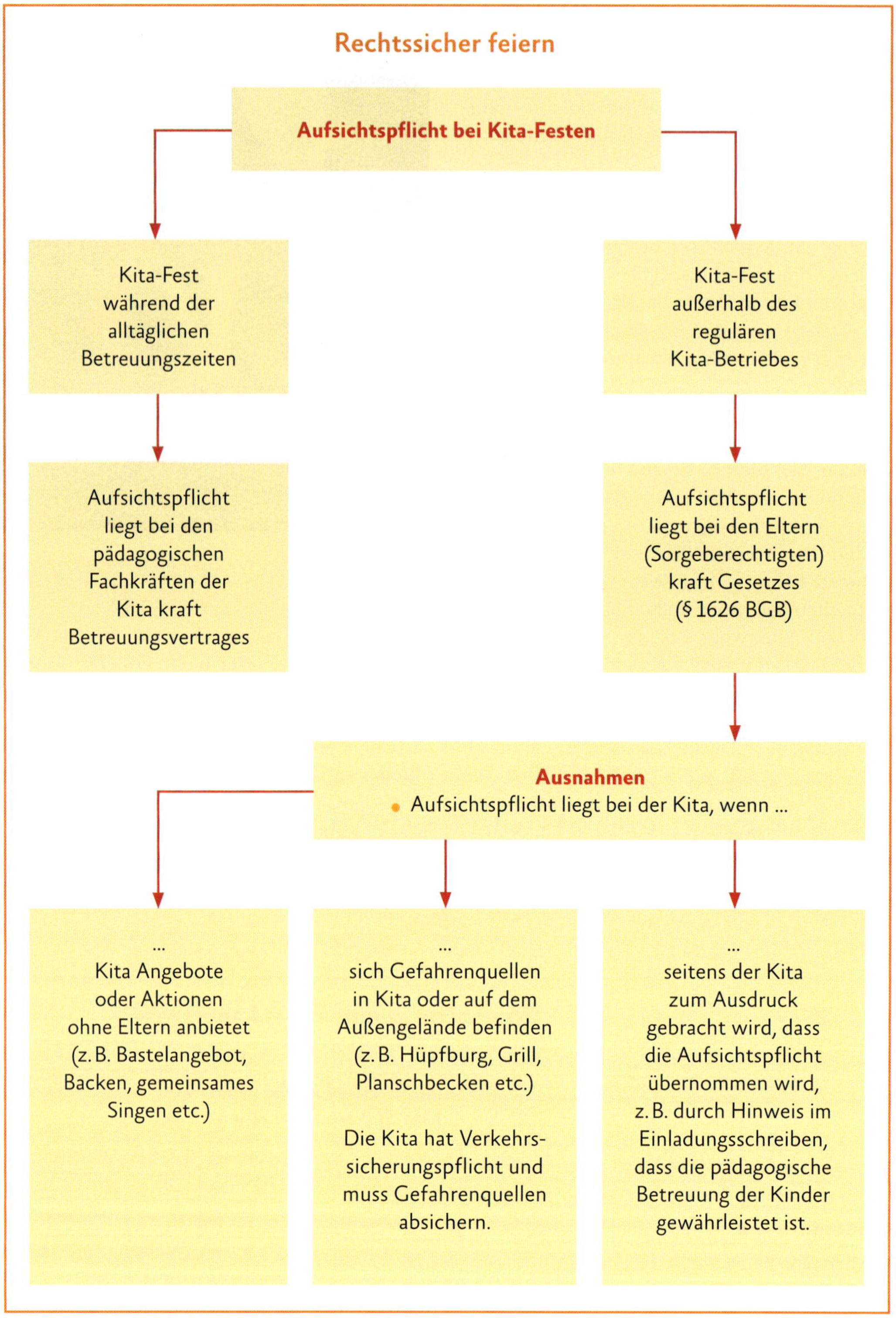


Quelle: kindergarten heute 2/2017, Downloads

Die Fachkräfte der Kita sind jedoch verpflichtet, den Bereich um das Pferd zu beaufsichtigen und darauf zu achten, dass Kinder und Erwachsene Abstand halten. Denn wenn die Kita eine Gefahrenquelle eröffnet, muss sie auch dafür Sorge tragen, diese Gefahrenquelle abzusichern. Es müssen alle notwendigen und zumutbaren Vorkehrungen und Sicherungsmaßnahmen getroffen werden, um Schäden zu verhindern. Stellen Sie außerdem sicher, dass der oder die Tierhalter*in bzw. Eigentümer*in des Pferdes eine Tierhalterhaftpflichtversicherung abgeschlossen hat.

Da es sich um eine Veranstaltung der Kita handelt, trägt die gesetzliche Unfallversicherung Personenschäden der Kita-Kinder und der pädagogischen Fachkräfte. Personenschäden anderer Teilnehmer trägt deren Krankenversicherung. Entstehen Sachschäden infolge einer Aufsichtspflichtverletzung pädagogischer Fachkräfte, kommt hierfür gegebenenfalls die Betriebshaftpflicht der Kita auf.

## 9. „Doktorspiele" in der Kita

Kinder erkunden ihre Sexualität und ihre Geschlechtsteile oft unbefangen. Doch für Erwachsene ist das Thema mit viel Unsicherheit verbunden, gerade weil Eltern teils sehr unterschiedliche Vorstellungen haben, was in dieser Hinsicht „erlaubt" sein sollte. Wie sieht es rechtlich aus? Dürfen Fachkräfte es dulden, wenn sich Kinder in der Kita nackt ausziehen, im Genitalbereich anfassen und sich gegenseitig erkunden? Oder sind sie verpflichtet, einzugreifen?

### Aus der Praxis

Als der Erzieher Finn in die Kuschelecke kommt, liegt die kleine Laila ausgezogen auf dem Boden. Ihr bester Freund Lars untersucht Laila mit dem Arztkoffer. Beide Kinder sind in ihr Spiel vertieft, tauschen ihre Ideen aus und Finn hat den Eindruck, dass sie in gemeinsamem Einvernehmen handeln. Dennoch ist er unsicher: Soll er sich bemerkbar machen und eingreifen oder soll er sich zurückziehen, um die Kinder nicht zu beschämen und ihr Spiel nicht zu unterbrechen?

Gegenseitiges neugieriges Erkunden der Körper – beispielsweise im Rahmen von Doktor- oder Vater-Mutter-Kind-Spielen – gehört zur normalen Entwicklung von Kindern im Vorschulalter. Beobachten Sie dieses Verhalten bei Kindern in der Kita, haben Sie einen gewissen Spielraum, wie Sie damit umgehen. Sie können den Kindern unaufgeregt erklären, dass die Kita nicht der richtige Ort ist, um sich auszuziehen, ohne die Kinder zu beschämen. Kindliche Sexualität sollte in der Kita weder tabuisiert noch bestraft werden, um die sexuelle Entwicklung der Kinder nicht zu belasten.

Kinder brauchen aber auch eindeutige Regeln im Umgang mit Sexualität, die ihnen eine verlässliche Orientierung geben. Um die Kinder zu schützen und um Ihrer Aufsichtspflicht gerecht zu werden, sollten Sie mit den Kindern klare Regeln für Doktorspiele vereinbaren:

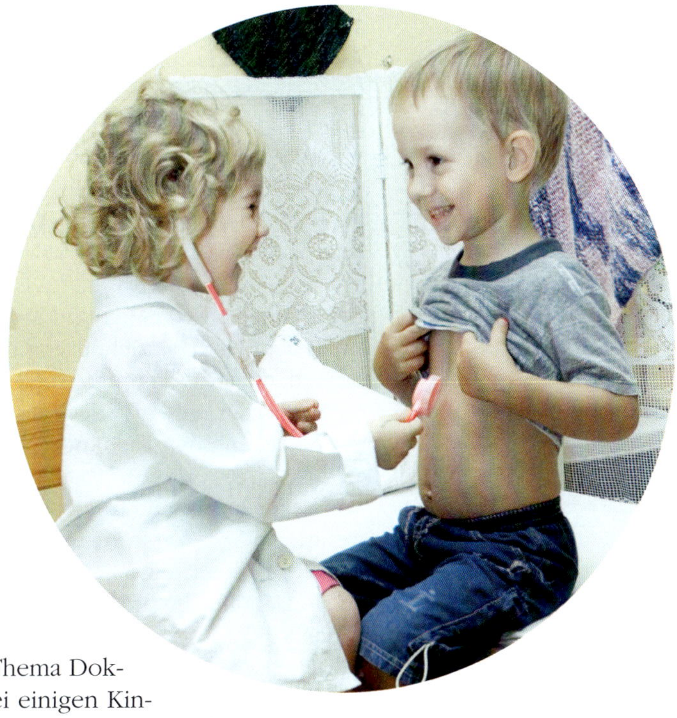

Im gegenseitigen Einverständnis den Körper erkunden

Wenn das Thema Doktorspiele bei einigen Kindern Ihrer Kita gerade aktuell ist, sollten Sie die Kinder unauffällig im Blick behalten, um sicherzustellen, dass sie sich auch an die Vereinbarungen halten. So kann auch der Erzieher im Fallbeispiel vorgehen – er muss nicht zwangsläufig eingreifen, da das gegenseitige Erkunden einvernehmlich geschieht. Er sollte jedoch immer wieder einen Blick in die Kuschelecke werfen, um zu prüfen, dass Lars und Laila sich weiterhin an die Regeln halten.

Damit es nicht vom Zufall oder der jeweiligen persönlichen Einstellung abhängt, wie die Fachkraft reagiert, empfiehlt es sich, im Team den Umgang mit kindlicher Sexualität zu besprechen und ein sexualpädagogisches Konzept zu erarbeiten (§ 22a SGB VIII).

### Regeln für Doktorspiele in der Kita

- Jedes Kind bestimmt selbst, ob und mit wem es Doktor spielen möchte.
- Mädchen und Jungen berühren und untersuchen einander nur so viel, wie es für sie selbst und andere Kinder schön ist.
- Kein Kind tut einem anderen Kind weh.
- Niemand steckt einem anderen etwas in eine Körperöffnung (Po, Scheide, Mund, Nase, Ohr).
- Ältere Kinder, Jugendliche oder Erwachsene haben bei Doktorspielen nichts zu suchen.
- Hilfe holen ist kein Petzen!

(Vgl. Enders 2009)

### Sexuelle Übergriffe

**Aus der Praxis**

Die 4-jährige Alina beschwert sich bei ihrer Erzieherin, dass Max und Jona sie immer wieder festhalten, ihren Rock hochheben und ihre Unterhose runterziehen würden. Wenn keiner dabei ist, würden sie auch noch ganz andere peinliche Sachen machen.

Beim Verhalten von Max und Jona im Fallbeispiel, dem Herunterziehen von Alinas Unterhose, handelt es sich um sexuell übergriffiges Verhalten, das ein entschiedenes Einschreiten der pädagogischen Fachkräfte erfordert.

Von sexuellen Übergriffen spricht man dann, wenn ein Verhalten durch Macht oder Unfreiwilligkeit gekennzeichnet ist. Wenn Kinder sexuelle Handlungen an jüngeren oder unterlegenen Kindern vornehmen, wenn Drohungen, Gewalt oder Versprechungen eingesetzt werden, wenn wiederholt Grenzen anderer verletzt werden, handelt es sich um einen sexuellen Übergriff, der den beteiligten Kindern schadet und unterbunden werden muss (vgl. Freund et al. 2006, S. 19 ff.) Pädagogische Fachkräfte sind dann aufgrund ihres Schutzauftrages gesetzlich verpflichtet, aktiv einzugreifen und bei wiederholten oder schwerwiegenden Übergriffen mit Fachberatungsstellen zu kooperieren (§ 8a SGB VIII).

Keinesfalls reicht es aus, die Kinder lediglich zu ermahnen, künftig die Regeln der Doktorspiele einzuhalten. Übergriffiges Verhalten von Kindern muss von den pädagogischen Fachkräften umgehend unterbunden werden. Sie sollten den Kindern unaufgeregt, aber eindeutig klarmachen, dass Grenzverletzungen in der Kita nicht geduldet werden. Zuvor sollten Sie jedoch mit dem Kind sprechen, das von dem Übergriff betroffen war.

#### Literaturtipp

Freund, U./Riedel-Breidenstein, D./Strohhalm e. V. (2006): Kindliche Sexualität zwischen altersangemessenen Aktivitäten und Übergriffen. Bernau: Landesjugendamt Brandenburg, S. 19 ff. https://mbjs.brandenburg.de/media_fast/6288/kindliche_sexualitaet.pdf, letzter Zugriff am 25.10.2021.
Schnurr, H. (2019): Kinderschutz und Kinderrechte, Fragen und Antworten. Schnurr 2019, Braunschweig: Westermann, S. 89–96.
Enders, U. (2009): Zartbitter e.V., Doktorspiele oder sexuelle Übergriffe? http://sichere-orte-schaffen.de/wp-content/uploads/Doktorspiele_Web.pdf, letzter Zugriff am 15.11.2021.

Wichtig ist es, dem Kind zu vermitteln, dass ihm keine Schuld gegeben wird, seine Schilderungen nicht angezweifelt werden und dass Sie das übergriffige Kind in seine Schranken verweisen werden. Bei schwerwiegenden Grenzverletzungen hilft es dem betroffenen Kind, das Erlebte zu verarbeiten, wenn es erfährt, dass das übergriffige Kind nicht länger mächtiger ist. Folgen sexueller Übergriffe sind umso geringer, je kürzer das Gefühl der Ohnmacht und Hilflosigkeit andauert (vgl. Freund et al. 2006, S. 37).

Falls Ihnen Kinder im Vorschulalter von sexuellen Übergriffen berichten, die sie erlebt haben, können Sie grundsätzlich davon ausgehen, dass diese auch tatsächlich stattgefunden haben. Bewusste Falschbeschuldigungen zu sexuellen Übergriffen kommen bei Vorschulkindern nur extrem selten vor, weil dieses Thema für sie mit zu viel Scham besetzt ist (vgl. ebd., S. 36).

Machen Sie den übergriffigen Kindern eindeutig klar, dass ihr Verhalten von Ihnen nicht geduldet wird und warum dieses Verhalten nicht richtig war. Kinder müssen in der Kita lernen, die Grenzen anderer wahrzunehmen und zu respektieren.

Keinesfalls sollten Sie zur Klärung des Vorgefallenen ein gemeinsames Gespräch mit den übergriffigen Kindern und dem betroffenen Kind ansetzen, bei dem jedes Kind seine Sicht der Dinge schilden darf. Bei einem solchen Klärungsgespräch besteht die Gefahr, dass das übergriffige Kind, das meist überlegen ist, den Sachverhalt zu seinen Gunsten verdreht, die Glaubwürdigkeit des betroffenen Kindes angezweifelt wird und sich beim betroffenen Kind das quälende Gefühl der Hilflosigkeit und Ohnmacht fortsetzt (vgl. ebd., S. 36).

Haben Sie sexuell übergriffiges Verhalten bei den Kindern beobachtet oder haben Sie nur einen Verdacht auf ein sexuell übergriffiges Verhalten, müssen Sie die Kita-Leitung informieren. Je nachdem was vorgefallen ist, sollte die Kita-Leitung dann den Träger, eine insoweit erfahrene Fachkraft und ggf. eine Fachkraft einer einschlägigen Beratungsstelle hinzuziehen, die auf das Thema sexuelle Grenzverletzung bei Kindern spezialisiert ist und die pädagogischen Fachkräfte der Kita beim weiteren Vorgehen beraten kann.

Selbstverständlich sollten die Eltern der betroffenen und der übergriffigen Kinder so bald wie möglich erfahren, was vorgefallen ist.

## Umgang mit kindlicher Sexualität

**Sexuelle Handlungen von Kindern wie:**
Zeigen eigener Geschlechtsteile, Anfassen oder Angucken fremder Geschlechtsteile, kindliche Selbstbefriedigung etc.

↓

**Pädagogische Fachkräfte müssen zunächst klären, worum es sich handelt:**

**Sexuell übergriffiges Verhalten**
Kennzeichen: Ausübung von Macht, Unfreiwilligkeit

↓

Leitung informieren

↓

Träger informieren

↓

Externe Beratung
- Insoweit erfahrene Fachkraft nach § 8a SGB VIII
- Fachkraft einer einschlägigen Beratungsstelle

↓

Gespräch mit betroffenem Kind:
- Gespräch keinesfalls gemeinsam mit dem übergriffigen Kind führen!
- Betroffenem Kind keine Mitschuld geben.
- Erzählung nicht anzweifeln.

↓

Gespräch mit übergriffigem Kind

↓

Gespräch mit den Eltern des betroffenen und des übergriffigen Kindes.
Achtung Datenschutz! Dritten darf der Name der beteiligten Kinder nicht genannt werden.

↓

Bei Anhaltspunkten einer möglichen Kindeswohlgefährdung ggf. Meldung an das Jugendamt.

**Handlungen normaler kindlicher Sexualität**

↓

Pädagogischer Spielraum im Umgang mit dem Verhalten der Kinder. Orientierung am sexualpädagogischen Konzept der Kita

- Um die Kinder zu schützen und um Ihrer Aufsichtspflicht gerecht zu werden, mit den Kindern klare Regeln für Doktorspiele vereinbaren und auf die Einhaltung achten.

↓

Regeln für Doktorspiele:
- Jedes Kind bestimmt selbst, ob und mit wem es Doktor spielen möchte.
- Mädchen und Jungen berühren und untersuchen einander nur so viel, wie es für sie selber und andere Kinder schön ist.
- Kein Kind tut einem anderen weh.
- Niemand steckt einem anderen etwas in eine Körperöffnung (Po, Scheide, Mund, Nase, Ohr).
- Größere Kinder, Jugendliche oder Erwachsene haben bei Doktorspielen nichts zu suchen.
- Hilfe holen ist kein Petzen! (Vgl. Enders 2009).

Quelle: kindergarten heute 4/2020, Downloads

Fachkräfte sollten handeln, wenn es Kindern nicht gut geht

# II. Verdacht einer Kindeswohlgefährdung – und dann?

Sie machen sich Sorgen um ein Kind, weil es ungepflegt in die Kita kommt, selten ein Frühstück dabei hat, ständig müde ist oder weil Sie andere Auffälligkeiten wahrnehmen. Welche Handlungsmöglichkeiten haben Sie, wenn Sie zwar nichts Genaues wissen, aber den Eindruck haben, dass es einem Kind zu Hause nicht gut geht, dass es vernachlässigt wird, vielleicht sogar Gewalt erfährt oder dass ein Elternteil psychisch erkrankt ist?

**Aus der Praxis**

Lea kommt oft etwas verwahrlost in die Kita. Die Haare sind ungekämmt, die Kleidung häufig schmutzig. Wenn sie sich unbeobachtet fühlt, kaut sie an den Fingernägeln. Lea wird nur unregelmäßig in die Kita gebracht und selten pünktlich abgeholt. Die alleinerziehende Mutter macht auf das Team einen überforderten Eindruck. Leas Bezugserzieherin vermutet, dass die Mutter ein Alkoholproblem hat, weil sie morgens bereits einige Male leicht nach Alkohol gerochen hat.

Die Erkältungszeit macht vor keiner Kita Halt

# III. Rechtliche Fragen rund um die Gesundheit

Es gehört zum Alltag jeder Kita, dass Kinder während der Betreuungszeit erkranken oder bereits krank in die Kita gebracht werden. Manchmal erfahren Erzieher*innen erst im Laufe des Vormittags vom Kind, dass es sich bereits zu Hause übergeben hat oder die Eltern ihm morgens ein fiebersenkendes Mittel gegeben haben. Was können Sie tun, wenn Eltern ihre Kinder mit Husten, Brechdurchfall oder Fieber in die Kita bringen? Dürfen Sie Kindern Fieber messen? Dürfen Eltern verlangen, dass Sie ihrem Kind Medikamente in der Kita geben? Welche Rechtsfolgen hätte eine fehlerhafte oder vergessene Medikamentengabe?

## 1. Kranke Kinder in der Kita

Bringen Eltern ein krankes Kind in die Kita, sollten Sie darauf bestehen, dass sie das Kind wieder mit nach Hause nehmen. Fängt ein Kind erst in der Kita an zu fiebern oder zeigt es andere Krankheitssymptome, sollten Sie die Eltern anrufen und bitten, das Kind abzuholen. Pädagogische Fachkräfte sind durch ihre Aufsichts- und Fürsorgepflicht angehalten, dafür Sorge zu tragen, dass kranke Kinder nicht in der Kita bleiben. Denn sie gefährden nicht nur ihre eigene Gesundheit, sondern auch die anderer Kinder und Fachkräfte. Kranke Kinder brauchen Zuwendung, Ruhe und Pflege, um ihre Infektion auszukurieren. Wenn sie weiter am trubeligen Alltag einer

Kita teilnehmen, besteht die Gefahr, dass durch Überanstrengung auch zunächst harmlose Infekte gravierende Folgen wie beispielsweise eine Herzmuskelentzündung oder Lungenentzündung nach sich ziehen können.

**Wann müssen Kinder abgeholt werden?**

**Aus der Praxis**

Still, mit glasigen Augen und laufender Nase kuschelt sich Marco auf den Schoß von Tanja, seiner Bezugserzieherin. Tanja merkt, dass es Marco nicht gut geht. Sie ist sich unsicher, wie sie vorgehen soll. Sie möchte Marco nicht wegen eines banalen Schnupfens abholen lassen. Die Erzieherin weiß, dass seine Mutter alleinerziehend ist und weitere Fehltage auf der Arbeit nicht gerne gesehen werden.

Die Entscheidung, wann ein Kind so krank ist, dass es von der Kita abgeholt werden muss, ist nicht immer einfach. Fachkräfte befinden sich häufig in einer Zwickmühle – nicht wenige Eltern sind bei der Arbeit einem erheblichen Druck ausgesetzt. Gerade Alleinerziehende, die keinen Familienanschluss haben, stehen oft unter dem Stress, nicht „schon wieder" bei der Arbeit fehlen zu dürfen. Doch bei allem Verständnis für die persönliche Situation der Eltern sind Fachkräfte angehalten, das Wohl der Kinder in den Vordergrund zu stellen.

Bei einer leichten Erkältung, gelegentlichem Husten oder Schnupfen ohne Fieber, die das Wohlbefinden nicht besonders beeinträchtigen, wäre es unverhältnismäßig, sich zu weigern, das Kind zu betreuen. Wenn das Kind dagegen

- Fieber hat,
- an Brechdurchfall leidet,
- stark hustet,
- unter anderen Krankheitssymptomen leidet und sich sichtlich nicht wohlfühlt,
- eine möglicherweise ansteckende Bindehautentzündung hat oder
- von einem unerklärlichen, möglicherweise ansteckenden Hautausschlag betroffen ist,

müssen pädagogische Fachkräfte die Eltern oder eine andere abholberechtigte Person anrufen, damit sie das Kind schnellstmöglich abholen.

Wann muss ein Kind abgeholt werden? Diese Entscheidung fällt Fachkräften oft nicht leicht

## 2. Fieber messen

Ob pädagogische Fachkräfte Fieber messen dürfen, muss je nach Einzelfall entschieden werden. Grundsätzlich haben Eltern durch den Betreuungsvertrag lediglich das Recht übertragen, die Kinder zu betreuen und zu beaufsichtigen, nicht aber gesundheitliche Untersuchungen an ihnen vorzunehmen. Allerdings sind pädagogische Fachkräfte aufgrund ihrer allgemeinen Fürsorgepflicht dann berechtigt, Fieber zu messen, wenn dies zum Schutz des Kindes erforderlich ist (vgl. Landesjugendamt Rheinland 2018). Dies wäre beispielsweise dann der Fall, wenn der Verdacht hohen Fiebers besteht und entschieden werden muss, ob das Kind abgeholt werden muss. Das Fieber sollte dann jedoch keinesfalls rektal, sondern mit einem Ohr- oder Stirnthermometer gemessen werden.

## 3. Medikamentengabe in der Kita

Grundsätzlich sollten Sie sich nicht darauf einlassen, Kindern Medikamente zu verabreichen. Zu groß sind die mit der Medikamentengabe verbundenen Risiken und der organisatorische Aufwand. Auch Hausmittel oder homöopathische Mittel dürfen nur gegeben werden, wenn Nebenwirkungen auszuschließen sind.

**Aus der Praxis**

Als die 2-jährige Emilia am Montag in die Kita kommt, ist sie stark verschnupft, ansonsten aber fit und aktiv. Ihre Mutter erklärt der Fachkraft Lene, dass Emilia am Wochenende aufgrund ihrer verstopften Nase nur schwer in den Schlaf gefunden hat. Sie bittet die Erzieherin, ihrer Tochter vor dem Mittagsschlaf in der Kita Nasentropfen und einen Esslöffel Erkältungssaft zu geben, damit das Mädchen besser schlafen kann.

Im Fallbeispiel sollte die Erzieherin ablehnen, dem Kind die Nasentropfen und den Erkältungssaft zu geben. Sie kann der Mutter erklären, dass sie grundsätzlich nicht befugt ist, Medikamente zu verabreichen.

Es gibt jedoch auch Situationen, in denen es sinnvoll sein kann, den Eltern entgegenzukommen und den Kindern für eine bestimmte Zeit in der Kita Medikamente zu geben. Nicht selten müssen Kinder beispielsweise über einen längeren Zeitraum Antibiotika einnehmen, um Resistenzen vorzubeugen, obwohl sie wieder gesund sind. Sie können in begründeten Einzelfällen Antibiotika oder auch sonstige Medikamente geben, wenn Sie die Voraussetzungen, die Sie auf der Checkliste Medikamentengabe finden, einhalten (vgl. Checkliste Medikamentengabe).

### Chronisch erkrankte Kinder

Von dem Grundsatz, Kindern in der Kita keine Medikamente zu verabreichen, sollte immer dann abgewichen werden, wenn ein Kind unter einer chronischen Erkrankung leidet (vgl. Schnurr 2018, S. 67). Chronische Erkrankungen sind lang andauernde Erkrankungen wie Epilepsie, Rheuma, eine Allergie oder Diabetes. Ist ein chronisch krankes Kind auf Medikamente angewiesen, sollten die notwendigen Medikamente in der Kita verabreicht werden, um dem Kind den Besuch der Kita zu ermöglichen, auch wenn dies mit einem organisatorischen Mehraufwand verbunden ist (vgl. §22a IV SGB VIII, Art. 24 UN-BRK: Recht auf inklusive Bildung). Bei der Medikamentengabe müssen selbstverständlich die Voraussetzungen, die Sie auf der nebenstehenden Checkliste finden, eingehalten werden. Wichtig ist insbesondere, mit den Eltern und dem Arzt zu klären, wie Sie in einem Akutfall vorgehen, wenn das Kind beispielsweise einen epileptischen Anfall, einen allergischen Schock oder eine Über- oder Unterzuckerung erleidet.

Sind chronisch kranke Kinder nicht nur auf Medikamente, sondern auch auf Injektionen mittels Spritze angewiesen, dürfen pädagogische Fachkräfte diese erst nach einer medizinischen Schulung vornehmen. Bei einem diabeteskranken Kind wurde bereits höchstrichterlich entschieden, dass die Krankenkasse verpflichtet ist, eine Pflegekraft zur Verfügung zu stellen. Diese misst den Blutzucker und spritzt Insulin, um dem Kind die Teilhabe in einem Regelkindergarten zu ermöglichen (Bundessozialgericht, Az: B 3 KR 13/02 R). In der Praxis entscheiden sich die Krankenkassen meist für den kostengünstigeren Weg, pädagogische Fachkräfte zu schulen, damit diese die medizinische Aufgabe übernehmen können und der ambulante Dienst nicht regelmäßig kommen muss (vgl. Schnurr 2018, S. 68).

### Wenn Fehler bei der Medikamentengabe passieren

Erleidet ein Kind durch die Medikamentengabe in der Kita einen gesundheitlichen Schaden, kommt hierfür grundsätzlich die gesetzliche Unfallversicherung auf (vgl. DGUV 2014, S. 9). Nur in den seltenen Fällen, in denen es aufgrund vergessener Medikamentengabe zu gesundheitlichen Folgeschäden kommt, greift nach derzeitiger Rechtslage die Unfallversicherung nicht ein. In diesem Fall käme dann ggf. die Berufshaftpflichtversicherung der pädagogischen Fachkraft oder eine weitere vom Träger abgeschlossene Versicherung für den Schaden auf. In jedem Fall sind pädagogische Fachkräfte von etwaigen Schadensersatzforderungen freigestellt, weil es sich bei der Gabe der Medikamente in der Kita um eine sogenannte betrieblich veranlasste Tätigkeit handelt (vgl. Palandt/Weidenkaff 2021, §611 Rdnr. 159).

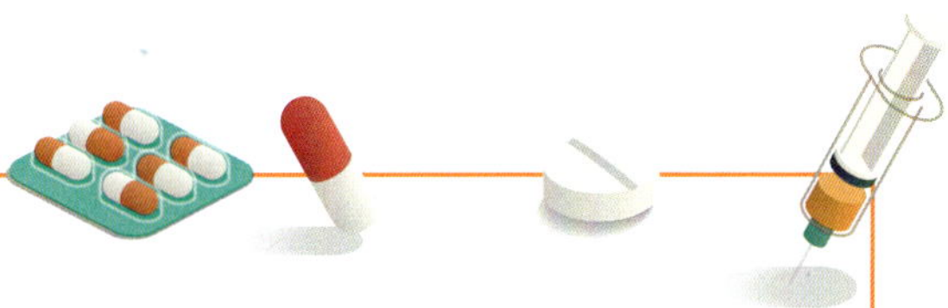

### Checkliste

**Bei jeder Medikamentengabe seitens der Kita ist Folgendes einzuhalten:**

- ☐ Die schriftliche Zustimmung der/des Personensorgeberechtigten liegt vor.
- ☐ Die schriftliche Verordnung des Arztes/der Ärztin liegt vor.
- ☐ Das Einverständnis des Trägers liegt vor.
- ☐ Es wird dokumentiert, wer wann wem welches Medikament verabreicht.
- ☐ Es ist geregelt, wer für die Medikamentengabe bei welchem Kind zuständig ist.
- ☐ Es ist geregelt, wer die zuständige Fachkraft vertritt.
- ☐ Die Medikamente werden von den Fachkräften für die Kinder unerreichbar aufbewahrt.
- ☐ Die jeweils zuständige Fachkraft versieht das Medikament/die Verpackung des Medikaments mit dem Namen des Kindes.
- ☐ Das Medikament/die Medikamente werden sachgerecht gelagert.
- ☐ Das Verfallsdatum wird von der zuständigen Fachkraft überprüft.
- ☐ Die Medikamentengabe wird ins Verbandsbuch eingetragen.

Quelle: kindergarten heute 10/2017, Downloads

Eine persönliche Haftung der pädagogischen Fachkräfte käme deshalb grundsätzlich nur dann in Betracht, wenn der Schaden vorsätzlich oder grob fahrlässig von ihr herbeigeführt worden wäre. Wenn Sie sich an die Vorgaben der Checkliste bei Medikamentengabe halten, ist es kaum denkbar, dass Ihnen grobe Fahrlässigkeit zur Last gelegt werden kann.

## 4. Unfälle in der Kita

Unfälle kommen in jeder Kita vor. Doch was sollten Sie dabei beachten, um das Kind bestmöglich zu versorgen und rechtlich auf der sicheren Seite zu sein? Wann sollten Sie einen Rettungswagen rufen? Worauf müssen Sie achten, wenn Sie Erste Hilfe leisten? Darf man Wunden mit einem Pflaster versorgen und Splitter entfernen?

**Aus der Praxis**
Die Erzieherin Marie wird von lautem Geschrei erschreckt. Sie eilt zur Unfallstelle und sieht Marc etwas benommen mit einer blutenden Wunde am Kopf am Boden liegen. Marc und Theo wollten zeitgleich auf das Außengelände stürmen. Als sie sich durch die Tür nach draußen drängelten, hat Theo Marc leicht geschubst. Marc ist gestolpert und hat sich den Kopf am Türrahmen gestoßen.

Marie sollte sich zunächst um die Erstversorgung der Wunde kümmern. Jeder Mensch ist verpflichtet, im Rahmen seiner Möglichkeiten Erste Hilfe zu leisten. Welche Maßnahmen erforderlich sind, muss anhand des konkreten Einzelfalls und des im Erste-Hilfe-Kurs erlernten Wissens entschieden werden. In Kitas muss in jeder Kindergruppe mindestens eine pädagogische Fachkraft als Ersthelfer*in ausgebildet sein. Der Kurs muss alle zwei Jahre aufgefrischt werden (vgl. § 26 GUV-VA1). Verbandskästen mit geeignetem Erste-Hilfe-Material müssen in der Kita gut erreichbar bereitgehalten werden (vgl. § 25 GUV-VA1).

Stürze und andere Unfälle sind im Kita-Alltag kaum vermeidbar

Wenn Sie nach Ihrem besten Wissen und Können Hilfe leisten, müssen Sie grundsätzlich keinerlei rechtliche Konsequenzen befürchten, auch dann nicht, wenn Sie aus medizinischer Sicht falsch gehandelt haben. Falls Sie dagegen aus Angst, vielleicht etwas falsch zu machen, nicht unverzüglich Hilfe leisten, machen Sie sich gegebenenfalls wegen unterlassener Hilfeleistung oder Körperverletzung durch Unterlassen strafbar (vgl. §§ 323c, 223 StGB).

**Wann sollten Sie den Rettungsdienst rufen?**
Die Entscheidung, ob ein Rettungswagen über die Notrufzentrale 112 gerufen wird und eine ärztliche Behandlung notwendig ist, muss die pädagogische Fachkraft, die das Kind versorgt, vor Ort selbstständig treffen. Es ist nicht sinnvoll, die Eltern anzurufen und zu fragen, ob man den Notarzt kommen lassen soll. Die Notrufzentrale sollte immer dann angerufen werden, wenn es sich um Kopfverletzungen handelt und Hinweise einer Gehirnerschütterung vorliegen, wie beispielsweise Übelkeit, Erbrechen, Erinnerungslücken und eventuell auch nur kurze Bewusstlosigkeit. Auch bei Wirbelsäulenverletzungen, stark blutenden und großflächigen Wunden, größeren Verbrennungen und Verbrühungen, Knochenbrüchen, Bewusstlosigkeit und sonstigen schweren Verletzungen sollten Sie nicht zögern, die Notrufnummer 112 anzurufen. Wenn Sie sich unsicher sind, wie schwer die Verletzung ist, wenden Sie sich an die Notrufzentrale. Diese entscheidet anhand des Unfallablaufs und der beschriebenen Verletzung, ob der Rettungsdienst in die Kita geschickt wird. Die geschulten Mitarbeiter*innen des Notrufs können auch beraten, welche weiteren Erste-Hilfe-Maßnahmen bis dahin geleistet werden sollen. Handelt es sich dagegen um kleinere Kratz-, Schürf- und Schnittwunden, Prellungen oder Quetschungen, ist es nicht notwendig, einen Rettungsdienst zu rufen.

Im Fallbeispiel liegt eine Kopfverletzung vor und Marc wirkt benommen. Marie muss deshalb damit rechnen, dass Marc eine Gehirnerschütterung erlitten hat. Sie sollte deshalb die Notrufzentrale 112 anrufen und das weitere Vorgehen abklären.

**Weitere Schritte nach einem Unfall**

- Wenn sich ein Kind in der Kita verletzt, müssen die Eltern immer darüber informiert werden. Bei schweren Verletzungen sollte zunächst die Notrufzentrale 112 angerufen und erst anschließend die Eltern informiert werden, um keine Zeit zu verlieren. Wenn zwar kein Rettungsdienst nötig ist, die Verletzung jedoch ärztlich versorgt oder beurteilt werden muss, sollten Sie die Eltern bitten, das Kind abzuholen und in eine ärztliche Praxis zu bringen.
- Alle Unfälle, die in der Kita passieren und ärztlich behandelt werden, müssen der zuständigen Unfallkasse gemeldet werden (vgl. §193 SGB VII).
- Jedes Ereignis, bei dem Erste Hilfe geleistet wurde, also auch der kleinste Unfall, muss in das sogenannte Verbandbuch eingetragen werden (vgl. Unfallverhütungsvorschrift §24 GUV-V A1). Der Eintrag im Verbandbuch ist wichtig, um sicherzustellen, dass bei möglichen Spätfolgen der umfangreiche Schutz der gesetzlichen Unfallversicherung noch nachträglich in Anspruch genommen werden kann. Eine Unfallanzeige bei der Unfallkasse ersetzt die Eintragung in das Verbandbuch.

## Checkliste: Was tun bei Unfällen in der Kita?

☐ **1. Erste-Hilfe-Maßnahmen**

Verletztes Kind versorgen, trösten und beruhigen.

☐ **2. Notrufzentrale 112 anrufen?**

Die Notrufzentrale sollte immer angerufen werden bei

- stark blutenden oder großflächigen Wunden,
- Wirbelsäulenverletzungen,
- Kopfverletzungen, wenn Hinweise einer Gehirnerschütterung vorliegen
  - Übelkeit,
  - Erbrechen,
  - Erinnerungslücken,
  - Bewusstseinsverlust, eventuell nur kurz,
- größeren Verbrennungen oder Verbrühungen,
- Verdacht auf Knochenbruch,
- Bewusstlosigkeit oder sonstigen schweren Verletzungen.

☐ **3. Eltern informieren**

☐ **4. Unfallanzeige bei der Unfallkasse**

Bei Unfällen, die ärztlich behandelt werden mussten.

☐ **5. Eintragung im Verbandbuch**

Alle Ereignisse, bei denen Erste Hilfe geleistet wurde, werden notiert. Eine Unfallanzeige bei der Unfallkasse ersetzt die Eintragung in das Verbandbuch.

**Kleinere Verletzungen**

In Kitas besteht oft Unsicherheit, ob pädagogische Fachkräfte Splitter, Dornen oder Spreißel entfernen dürfen. Einerseits sind Erzieher*innen verpflichtet, Erste Hilfe zu leisten und die Erstversorgung der Wunde vorzunehmen. Andererseits sind sie aber nicht zu medizinischen Eingriffen berechtigt. Deshalb sollte die Entfernung tief sitzender oder größerer Fremdkörper medizinischem Fachpersonal überlassen werden. Kleinere Fremdkörper wie Splitter oder Dornen in oberflächlichen Wunden, die sich ohne Verletzung der Haut leicht entfernen lassen, erfordern im Allgemeinen keine besondere medizinische Fachkunde und können auch von Ersthelfer*innen vor Ort entfernt werden (vgl. Unfallkasse Rheinland-Pfalz 2013). Im Zweifelsfall könnten Sie die Sorgeberechtigten bitten, Ihnen hierfür ihr Einverständnis zukommen zu lassen. Haben sich die Sorgeberechtigten schriftlich (beispielsweise per E-Mail) mit der Entfernung des Splitters oder Dorns einverstanden erklärt, sind Sie rechtlich auf jeden Fall auf der sicheren Seite.

Auch die Entfernung von Splittern und Dornen muss ins Verbandbuch eingetragen werden.

Es ist rechtlich zulässig, auch ohne explizite Einwilligung der Sorgeberechtigten Wunden zu desinfizieren und mit einem Pflaster zu versorgen, soweit dies im Rahmen der Erste-Hilfe-Maßnahmen erforderlich ist (vgl. Schnurr 2018, S. 71). Ob Sie eine Wunde desinfizieren oder nur auswaschen, ob Sie einen Verband anlegen oder ob ein Pflaster ausreicht, müssen Sie nach Ihrem im Erste-Hilfe-Kurs erlernten Wissen entscheiden. Entscheiden Sie sich für ein Pflaster, müssen Sie sich vorab über mögliche Allergien des Kindes gegen Pflaster informieren.

## 5. Lästige Tiere – was tun bei Läusen und Zecken?

Bei Kindern, die sich viel im Freien aufhalten und in Wiesen und Waldgebieten spielen, kommen Zeckenbisse immer wieder vor. Pädagogische Fachkräfte sind verpflichtet, dafür zu sorgen, dass Zecken möglichst unverzüglich entfernt werden. Denn je später eine Zecke entfernt wird, desto größer ist die Wahrscheinlichkeit, dass die Zecke das Kind mit einer Krankheit (FSME oder Borreliose) infiziert.

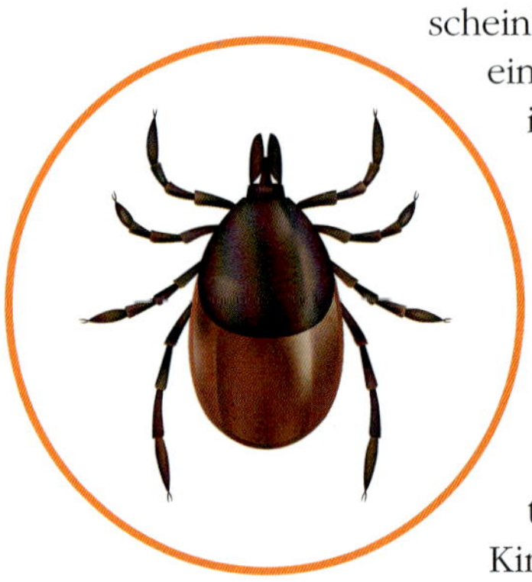

Um in der Praxis rechtlich auf der sicheren Seite zu sein, sollten Sie eine schriftliche Einverständniserklärung der Sorgeberechtigten haben, dass Sie die Zecke entfernen dürfen. Idealerweise haben die Eltern bereits bei der Anmeldung ihrer Kinder in der Kita im Betreuungsvertrag eine schriftliche Einverständniserklärung erteilt. Wenn Eltern ihre Einwilligung verweigern, müssen sie ihre Kinder unverzüglich abholen, um die Zecke selbst zu entfernen. Die Entfernung der Zecke durch Erzieher*innen sollte möglichst rasch mit einer Pinzette oder Zeckenkarte vorgenommen werden. Kennzeichnen Sie die Stelle, an der die Zecke entfernt wurde, mit einem wasserfesten Stift, damit die Eltern den Zeckenbiss die nächsten Wochen auf Anzeichen einer Borreliose (Wandelröte) untersuchen können.

Wird durch fehlerhafte Entfernung ein Schaden verursacht, etwa durch Entzündung des stecken gebliebenen Zeckenkopfes, müssen Erzieher*innen nicht mit Schadensersatzansprüchen rechnen. Etwas anderes gilt nur, wenn die Schädigung grob fahrlässig oder vorsätzlich herbeigeführt wurde, was in der Praxis so gut wie nie vorkommen dürfte (vgl. DGUV 2016).

**Aus der Praxis**

Als er mit einigen Kindern in der Rollenspielecke beschäftigt ist, fällt dem Erzieher Cem auf, dass Emily sich immer wieder am Kopf kratzt. Gerade hinter den Ohren scheint es sie stark zu jucken. Aufgrund seiner Erfahrung befürchtet Cem, dass Emily Kopfläuse hat.

Sollten Sie den Verdacht haben, dass ein Kind von Läusen befallen ist, müssen Sie zunächst dafür Sorge tragen, dass das Kind unverzüglich von der Kita abgeholt wird. Ob ein Kind von Läusen befallen ist, erkennt man meistens nur an den kleinen tropfenförmigen Nissen, den Eihüllen der Läuse. Nissen sehen auf den ersten Blick aus wie Schuppen. Sie kleben aber fest am Haar und befinden sich meist direkt am Haaransatz, hinter den Ohren und am Nacken.

Bräunlich-gräuliche Nissen zeigen einen aktuellen Lausbefall an, weiße Nissen deuten auf keinen aktuellen, sondern einen früheren Lausbefall hin.

Sobald die Kita Kenntnis davon hat, dass ein Kind von Läusen befallen ist, muss die Leitung dies dem Gesundheitsamt mitteilen (§ 34 VI Infektionsschutzgesetz). Das Gesundheitsamt informiert Sie dann, was Sie weiter veranlassen und welche weiteren Hygienemaßnahmen Sie ergreifen müssen.

Wenn in der Kita Kopfläuse auftreten, müssen Sie die Eltern aller Kita-Kinder darüber informieren. Selbstverständlich darf der Name des betroffenen Kindes nicht genannt werden. Es ist empfehlenswert, sich von den Eltern schriftlich bestätigen zu lassen, dass sie ihr Kind auf Kopflausbefall untersucht haben.

### Handlungsschritte bei Kopflausbefall

1. Kind abholen lassen.
2. Gesundheitsamt informieren.
3. Eltern aller Kinder informieren.
4. Bestätigung aller Eltern (Sorgeberechtigten), dass ihr Kind frei von Kopfläusen ist oder vorschriftsgemäß behandelt wurde.

Betroffene Kinder müssen mit einem Läusekamm und einem geeigneten Mittel aus der Apotheke behandelt werden

Liebe Eltern,
in unserer Kita sind Kopfläuse aufgetreten. Bitte untersuchen Sie noch heute Ihr Kind auf Läuse und Nissen. Kopfläuse sind ca. 3 mm große, graue oder rötliche Insekten mit sechs Beinen. Nissen sind kleine grauweiße Eier der Läuse, die nahe der Kopfhaut fest an den Haaren kleben. Wenn Sie bei Ihrem Kind Kopfläuse oder Nissen finden, sind Sie verpflichtet, uns darüber zu informieren. Selbstverständlich gehen wir mit dieser Information vertraulich um.

Ihr Kind darf unsere Einrichtung erst wieder besuchen, wenn es mit einem anerkannten Mittel erfolgreich gegen Läuse behandelt wurde.

Bitte geben Sie Ihrem Kind morgen den unteren Abschnitt unterschrieben mit in die Kita.

---

______________________________

______________________ wurde am ______________________
(Name des Kindes)

auf Läuse und Nissen untersucht.

- ☐ Ich habe keine Kopfläuse und keine Nissen entdeckt.
- ☐ Ich habe mein Kind mit einem Mittel gegen Kopflausbefall aus der Apotheke behandelt und versichere, dass ich die Wiederholungsbehandlung nach 8 bis 10 Tagen vornehmen werde.
- ☐ Ich bin damit einverstanden, dass pädagogische Fachkräfte prüfen, ob mein Kind von Kopfläusen befallen ist.

______________________________
Datum und Unterschrift der Sorgeberechtigten

Bei einer sachgerechten Erstbehandlung mit einem anerkannten Mittel kann das Kind grundsätzlich bereits am nächsten Tag wieder in die Kita kommen. Als Nachweis, dass das Kind nicht mehr ansteckend ist, wird von der Kita in der Regel eine schriftliche Bestätigung der Eltern verlangt, dass sie die Erstbehandlung durchgeführt haben und sich zur erforderlichen Zweitbehandlung nach 8 bis 10 Tagen verpflichten. Eine ärztliche Bescheinigung über den Behandlungserfolg ist grundsätzlich nicht notwendig. Je nach konkreter Situation können die Kita-Leitung und das zuständige Gesundheitsamt jedoch ein ärztliches Attest verlangen. Insbesondere dann, wenn ein begründeter Verdacht besteht, dass ein Kind nicht ordnungsgemäß behandelt wurde, kann es sinnvoll sein, den Behandlungserfolg von einem Arzt bestätigen zu lassen.

Die meisten Eltern haben wenig Erfahrung mit Kopfläusen. Deshalb werden Läuse leider oft zu spät entdeckt. Damit Fachkräfte die Kinder bei Verdacht auf Kopfläuse in der Kita auf Kopflausbefall untersuchen dürfen, empfiehlt es sich, die Eltern im Elternbrief zu bitten, ihr Einverständnis zu einer solchen vorsorglichen Untersuchung zu erteilen.

### Linktipp

Alles rund um Kopfläuse, wie man sie erkennt und behandelt, finden Sie unter:
https://www.kindergesundheit-info.de/themen/krankes-kind/kopflaeuse/diagnose-kopflaeuse/
(Infomaterial der Bundeszentrale für gesundheitliche Aufklärung)

# IV. Entwicklungsverzögerte Kinder

Sie beobachten, dass ein Kind in seiner sprachlichen, sozialen, motorischen oder geistigen Entwicklung verlangsamt ist. Was sollten Sie den Eltern raten? Und was tun, wenn Eltern notwendige Frühfördermaßnahmen nicht in Anspruch nehmen?

### Aus der Praxis

Beim Entwicklungsgespräch macht der Erzieher Tim die Eltern des 3-jährigen Emil darauf aufmerksam, dass Emils Sprachentwicklung und auch seine motorische Entwicklung im Vergleich zu gleichaltrigen Kindern auffällig verzögert sei. Der Erzieher gibt den Eltern Kontaktdaten der örtlichen Frühförderstelle und bittet sie, sich dort oder von ihrem Kinderarzt beraten zu lassen. Emils Eltern reagieren ablehnend. Es sei ganz normal, dass sich Kinder unterschiedlich entwickeln. Sie wollen jetzt erst einmal abwarten, ob sich die Auffälligkeiten nicht von alleine verwachsen.

Eltern von Kindern, die noch nicht eingeschult sind, haben einen Anspruch auf kostenlose Beratung, Begleitung und Unterstützung durch die örtliche **Frühförderstelle**, wenn der Verdacht einer möglichen Entwicklungsverzögerung besteht (vgl. §6a FrühV). Frühförderung soll betroffene Kinder bereits vorbeugend durch geeignete Maßnahmen in ihrer Entwicklung unterstützen. Frühförderung umfasst nicht nur Beratung und medizinische Hilfen, sondern auch nichtärztliche therapeutische, psychologische, heil- und sonderpädagogische Förder- und Behandlungsmaßnahmen wie beispielsweise Ergotherapie oder Logopädie (vgl. §46 SGB IX Neufassung 2018 durch das Bundesteilhabegesetz).

## 1. Was bedeutet das für Sie in der Praxis?

Die fachliche Beobachtung und Dokumentation der kindlichen Entwicklung sind wichtige Bestandteile Ihrer pädagogischen Arbeit in der Kita. Wenn Sie Anzeichen einer möglichen Entwicklungsverzögerung feststellen – sei es sprachlich, kognitiv, motorisch, sozial oder in einem anderen Entwicklungsbereich –, sollten Sie Ihre Beobachtungen mit den Eltern besprechen und die Eltern ermutigen, ärztlichen Rat einzuholen oder eine Frühförderstelle aufzusuchen. Eltern können sich auch direkt an die örtliche Frühförderstelle wenden, um die Notwendigkeit einer Frühförderung überprüfen und sich beraten zu lassen. Der Weg muss nicht zwingend über den Kinderarzt/die Kinderärztin führen.

Je früher Auffälligkeiten diagnostiziert werden, desto besser kann dem Kind geholfen werden. Deshalb ist es wichtig, dass pädagogische Fachkräfte darauf hinwirken, dass Eltern mögliche Entwicklungsverzögerungen zeitnah fachlich abklären lassen. Wie und wo Frühförderung beantragt werden kann, ist in den jeweiligen Bundesländern unterschiedlich geregelt. Informieren Sie sich beim Jugendamt über den örtlichen Antragsweg und die Kontaktdaten der zuständigen Frühförderstelle, sodass Sie diese Informationen bei Bedarf weitergeben können.

Achten Sie darauf, dass im Entwicklungsgespräch nicht nur mögliche Entwicklungsverzögerungen im Fokus stehen. Bei jedem Kind – ganz besonders bei Kindern mit Förderbedarf – ist es wichtig, seine individuellen Stärken, Fortschritte, besonderen Begabungen und Fähigkeiten bewusst wahrzunehmen. Diese sollten ebenfalls dokumentiert und im Entwicklungsgespräch mit den Eltern thematisiert werden.

## 2. Was tun, wenn Eltern unkooperativ sind?

Im Fallbeispiel reagieren Emils Eltern gekränkt und ablehnend. Sie möchten nicht glauben, dass die Entwicklung ihres Kindes nicht „normal" verläuft, und befürchten vielleicht auch, dass dem Jungen durch entsprechende Maßnahmen zur Förderung ein Stempel aufgedrückt wird. Die Fachkräfte stehen nun vor der schwierigen Aufgabe, dieser – psychologisch verständlichen – Reaktion so zu begegnen, dass Emil dennoch die Förderung bekommt, die er benötigt.

Wie sollten sich Fachkräfte also verhalten, wenn Eltern nicht bereit sind, Entwicklungsauffälligkeiten abklären zu lassen oder Angebote der Frühförderung nicht in Anspruch nehmen? Welche Möglichkeiten hat man, wenn Eltern einfach davon ausgehen, dass sich die Entwicklungsverzögerungen „verwachsen", oder sich die Zeit für notwendige Förderangebote nicht nehmen wollen?

Wertschätzend mit den Eltern ins Gespräch gehen

## Frühförderstelle

Frühförderstellen sind wohnortnahe Einrichtungen, in denen medizinisch-therapeutische und pädagogische Fachkräfte interdisziplinär zusammenarbeiten. Sie dienen der Früherkennung, Behandlung und Förderung von Vorschulkindern, um eine drohende oder bereits eingetretene Behinderung zum frühestmöglichen Zeitpunkt zu erkennen und durch gezielte Förder- und Behandlungsmaßnahmen auszugleichen oder zu mildern (vgl. § 3 FrühV).

Eltern von Kindern, die noch nicht eingeschult sind, haben einen Anspruch auf kostenlose Beratung, Begleitung und Unterstützung durch die örtliche Frühförderstelle, wenn der Verdacht einer möglichen Entwicklungsverzögerung besteht (vgl. § 6a FrühV). Frühförderung soll betroffene Kinder bereits vorbeugend durch geeignete Maßnahmen in ihrer Entwicklung unterstützen.

Quelle: www.kindergarten-heute.de, Fachbegriffe

Wenn Ihnen bei einem Kind deutliche Entwicklungsrückstände auffallen und die Sorgeberechtigten nicht gewillt oder in der Lage sind, geeignete Unterstützungsmaßnahmen für das Kind in Anspruch zu nehmen, liegen gewichtige Anhaltspunkte einer Kindeswohlgefährdung vor. Pädagogische Fachkräfte sind dann aufgrund ihres Schutzauftrags verpflichtet, nicht tatenlos zuzusehen, sondern einzugreifen (vgl. § 8a SGB VIII).

## § 5 Frühförderungsverordnung

**(2) Die Leistungen ... umfassen auch die Beratung der Erziehungsberechtigten, insbesondere**

- das Erstgespräch,
- anamnestische Gespräche mit Eltern und anderen Bezugspersonen,
- die Vermittlung der Diagnose,
- Erörterung und Beratung des Förder- und Behandlungsplans,
- Austausch über den Entwicklungs- und Förderprozess des Kindes einschließlich Verhaltens- und Beziehungsfragen,
- Anleitung und Hilfe bei der Gestaltung des Alltags,
- Anleitung zur Einbeziehung in Förderung und Behandlung,
- Hilfen zur Unterstützung der Bezugspersonen bei der Krankheits- und Behinderungsverarbeitung,
- Vermittlung von weiteren Hilfs- und Beratungsangeboten.

Dokumentieren Sie die Entwicklungsauffälligkeiten zunächst anhand fachlicher Beobachtungsbögen. Können die Eltern des Kindes nicht motiviert werden, die Entwicklungsauffälligkeiten abklären zu lassen und Frühförderung in Anspruch zu nehmen, sollten Sie sich mit einer insoweit erfahrenen Fachkraft beraten, wie weiter vorgegangen werden kann (vgl. § 8b SGB VIII, vgl. Kapitel II). Machen Sie den Eltern deutlich, dass die Kita gesetzlich verpflichtet ist, Maßnahmen zum Schutz des Kindes zu ergreifen. Es sollte keinesfalls zu lange abgewartet werden, bis sich etwas „auswächst".

Zeigen sich die Eltern nach wie vor uneinsichtig und sind sie nicht bereit, Fördermöglichkeiten in Anspruch zu nehmen, muss sich die Kita an das Jugendamt wenden, das dann wiederum Kontakt mit den Eltern aufnimmt (vgl. § 8a Abs. 4 S. 2 SGB VIII, vgl. Kapitel II 3.). Denn in diesem Fall steht der Kita keine andere Möglichkeit mehr zur Verfügung, um eine Gefährdung des Kindeswohls abzuwenden. Mitarbeitende des Jugendamts sollten durch Gespräche mit den Eltern oder andere geeignete Maßnahmen sicherstellen, dass das Kind die erforderliche Frühförderung und therapeutische Unterstützung erhält.

Wenn Kinder in spezifischen Bereichen keinen altersgerechten Entwicklungsstand erreicht haben, können pädagogische Fachkräfte die Kinder auch in der Kita unterstützen, indem sie:

- gezielt Materialien auswählen und bereitstellen,
- Situationen schaffen, die das Kind fördern,
- Angebote finden, die es für den nächsten Entwicklungsschritt motivieren.

Pädagogische Fachkräfte können also im Rahmen ihrer Arbeit Kinder mit Entwicklungsverzögerungen zwar gezielt fördern und unterstützen, nicht aber therapieren.

## 3. Austausch mit der Frühförderung

Idealerweise arbeiten Kitas mit Fachkräften der Frühförderung zusammen. Damit sich pädagogische Fachkräfte mit Therapeut*innen der Frühförderung darüber austauschen können, wie das Kind bestmöglich in seiner Entwicklung unterstützt werden kann, ist eine Einwilligungserklärung der Eltern erforderlich. Die Eltern müssen nicht nur Mediziner*innen und Therapeut*innen von ihrer Schweigepflicht entbinden, sondern zusätzlich schriftlich einwilligen, dass die pädagogischen Fachkräfte Informationen über das Kind weitergeben dürfen. Diese Einwilligungserklärung muss den datenschutzrechtlichen Anforderungen der EU-Datenschutzgrundverordnung (DSGVO) entsprechen (vgl. Art. 7 DSGVO). Eltern müssen darauf hingewiesen werden, dass sie die Einwilligung jederzeit frei widerrufen können. Außerdem muss der Einwilligungserklärung zu entnehmen sein, zu welchem Zweck die Kita der Frühförderstelle Auskünfte über das Kind erteilen darf. Als Zweck können Sie beispielsweise die Förderung und Unterstützung einzelner Entwicklungsbereiche des Kindes nennen.

### Einwilligungserklärung

Wir sind damit einverstanden, dass sich die pädagogischen Fachkraft

______________________________

(Name der pädagogischen Fachkraft)

der Kita ______________________________
(Name der Kita)

sich fachlich über die Förderung und Unterstützung von ______________

______________________________

(Name und Geburtsdatum des Kindes)

mit ______________________________
(z. B. Frühförderstelle, Praxis für Logopädie, Ergotherapie etc.)

austauscht. Auskünfte über das Kind werden zum Zweck der Förderung ______________

______________________________

(der zu fördernde Entwicklungsbereich ist einzutragen, z. B. Sprachentwicklung, emotionale Entwicklung, Feinmotorik etc.)

erteilt. Diese Erklärung kann jederzeit ohne Angabe von Gründen widerrufen werden.

______________________________

Datum und Unterschrift der Sorgeberechtigten

Quelle: kindergarten heute 1/21, Downloads

Richtig Hände waschen ist eine gute Grundlage für Hygiene in der Kita

# V. Hygiene beim Kochen, Backen oder Wickeln

Magen-Darm-Infekte, Viruserkrankungen, Erkältungen – ganz vermeiden lassen sich diese unangenehmen Begleiterscheinungen des Kita-Alltags leider nicht. Doch mit geeigneten Hygienemaßnahmen lassen sie sich zumindest eingrenzen und in der Verbreitung beschränken. Was müssen Fachkräfte rechtlich beachten, welche gesetzlichen Regelungen müssen sie bei pädagogischen Angeboten berücksichtigen?

## 1. Backen und Kochen in der Kita

Einen Obstsalat zubereiten, Waffeln und Plätzchen backen oder Hassans Lieblingsgericht aus Syrien nachkochen – Kochen und Backen in der Kita ist ein sinnliches Erlebnis, das gleichzeitig vielfältige Bildungserfahrungen ermöglicht. Kinder lernen spielerisch Grundlagen gesunder Ernährung, den Umgang mit Mengen und Maßeinheiten und trainieren ihre Feinmotorik beim Schneiden, Schütten und Kneten.

Wenn Sie nur gelegentlich mit Kindern in der Kita kochen und backen und die zubereiteten Lebensmittel dann gemeinsam mit den beteiligten Kindern verspeisen und nicht an Dritte abgeben, unterliegen Sie nicht dem Lebensmittelhygienerecht. Etwas anderes gilt, wenn Sie beispielsweise im Rahmen einer Angebotsreihe zur Ernährung vorhaben, regelmäßig mit Kindern in der Kita zu kochen.

Wenn Sie unsicher sind, ob es sich bei Ihren Koch- oder Backangeboten um regelmäßige Tätigkeiten handelt, bei denen Sie die verschiedenen Vorschriften des Lebensmittelhygienerechts berücksichtigen müssen, empfiehlt es sich, bei der örtlich zuständigen Lebensmittelüberwachungsbehörde nachzufragen.

Auch wenn das Lebensmittelhygienerecht nicht anwendbar ist, sollten Sie selbstverständlich dennoch grundlegende Hygieneregeln beachten und den Kindern vermitteln. Auf Rezepte mit rohem Ei, rohem Fleisch oder Fisch sollten Sie wegen der Gefahr einer Infektion mit Krankheitserregern wie Salmonellen, Listerien oder Toxoplasmen und damit verbundenen hohen Anforderungen an die Hygiene nach Möglichkeit verzichten. Da Backen ohne Naschen wenig Spaß macht, kann statt rohem Ei auch veganer Ei-Ersatz verwendet werden.

Vor Auswahl eines Rezeptes sollten Sie sich über mögliche Allergien der Kinder informieren (siehe Beispieltabelle S. 40).

### Kochen und Backen mit Kindern – Hygienecheckliste

- ☐ Nur wer gesund ist, darf mitmachen!
- ☐ Händewaschen:
  - vor der Lebensmittelzubereitung,
  - nach jedem Toilettengang,
  - nach jedem Husten, Niesen oder Naseputzen.
- ☐ Fingerringe und Armbänder ausziehen.
- ☐ Lange Haare zurückbinden.
- ☐ Kochschürze oder großes sauberes T-Shirt überziehen.
- ☐ Richtig abschmecken.
- ☐ Jede*r mit einem eigenen sauberen Löffel.
- ☐ Teig mit rohen Eiern → Naschen verboten!

## 2. Mitgebrachte Speisen – Torten, Gläschen, Muttermilch

### Aus der Praxis

Die Kita Fuchsbau möchte ein Fest veranstalten, um die diesjährigen Schulanfänger*innen zu verabschieden, und bittet die Eltern, für die Verpflegung zu sorgen. Doch nach der Feier leiden mehrere Personen unter Übelkeit und Erbrechen. Ein Vater beschwert sich, dass die Kita offensichtlich nicht ausreichend auf Hygiene geachtet habe.

Es ist zulässig, dass die Kita zu besonderen Anlässen Feste veranstaltet, zu dem Privatpersonen Speisen mitbringen. Dabei müssen die Vorschriften der Lebensmittelhygieneverordnungen grundsätzlich nicht eingehalten werden. Dennoch ist die Kita verantwortlich, dass die auf dem Fest ausgegebenen Speisen und Getränke gesundheitlich unbedenklich sind und keine Krankheiten infolge unzureichender Hygiene übertragen werden. Grundlegende Hygienemaßnahmen wie regelmäßiges Händewaschen, Zurückbinden langer Haare, saubere Kleidung, ausreichende Kühlung der Speisen und geschütztes und hygienisches Präsentieren der Speisen müssen bei der Essensausgabe selbstverständlich beachtet werden.

Vor dem Fest sollten Eltern darauf hingewiesen werden, welche Speisen zum Fest mitgebracht werden dürfen. Weisen Sie auf einem Aushang auch darauf hin, dass für Unverträglichkeiten durch Zusatzstoffe oder Allergene keine Haftung übernommen wird.

**Muttermilch in der Kita**

Mitarbeiter*innen der Kita, die mit Lebensmitteln arbeiten, müssen beim örtlichen Gesundheitsamt eine Infektionsschutzbelehrung nach §§42, 43 Infektionsgesetz absolvieren. Auch dann, wenn sie Kindern in der Kita regelmäßig Muttermilch oder Gläschenkost geben, ist eine solche Belehrung beim örtlichen Gesundheitsamt erforderlich.

Da Muttermilch für Säuglinge alle wichtigen Nährstoffe enthält und das Immunsystem der Kinder stärkt, wird empfohlen, Kinder nicht nur die ersten sechs Monate zu stillen, sondern

### Linktipp

Einen Leitfaden und Checklisten für die bei Kita-Festen einzuhaltenden Hygienerichtlinien finden Sie unter: https://haushalt-wissenschaft.de/wp-content/uploads/2021/03/Feste-sicher-feiern-Leitlinie-zur-Guten-Hygiene-fu%CC%88r-Veranstalter-dgh.pdf.

## Beispiele für geeignete und nicht zu empfehlende Lebensmittel auf Festen

| | Geeignete Lebensmittel | Nicht zu empfehlende Lebensmittel |
|---|---|---|
| **Lebensmittelgruppe** | die von nicht fachkundigen Privatpersonen zubereitet und gespendet werden können bei ausreichenden Kühl- bzw. Heißhaltemöglichkeiten auf dem Fest. | die für die Abgabe auf Festen nicht geeignet sind. |
| **Fleisch- und Wurstwaren, Geflügel, Geflügelteile, Wild** | Schinkenbrötchen, Wurstkonserven | Speisen mit Hackfleisch oder Fleisch, Geflügel, Geflügelteile, Wild, das nicht vollständig durchgegart wurde (z. B. Mettbrötchen, Roastbeef, rohe Bratwürste, Entenbrust) |
| **Fisch, Fischwaren, Schalen- und Krustentiere** | pasteurisierte oder gekochte Fischwaren, Räucherware | roher Fisch, Krebse, Weichtiere und Erzeugnisse daraus (z. B. Sushi, Feinkostsalate mit rohen Muscheln oder frischen Krustentieren) |
| **Feinkostsalate, Salate, Dips** | Feinkostsalate ohne bzw. mit industriell hergestellter Mayonnaise (z. B. Kartoffelsalat, Nudelsalat, Aioli), Blattsalate mit seperatem Dressung, geraspelte Salate mit Essig-Öl-Marinade | Feinkostsalate mit selbst hergestellter, roheihaltiger Mayonnaise oder Speisen, die rohes Ei enthalten |
| **Backwaren** | durchgebackene Kuchen, auch Obstkuchen, herzhafte Backwaren, Kleingebäck | Backwaren, deren Füllungen, Auflagen oder Glasuren rohe Bestandteile von Eiern enthalten |
| **Teige** | Teige aus Backmischungen ohne rohe Eier | Rohhaltige Teige (z. B. für Stockbrot) |
| **Desserts und Speiseeis** | Desserts ohne rohe Eierbestandteile (z. B. Rote Grütze, Kochpudding, Quarkspeise mit Früchten, Schichtspeise, Schokoladencreme), Fruchtsorbet ohne Rohei und Milcherzeugnisse | Desserts und Speiseeis mit Bestandteilen von rohen Eiern (z. B. Tiramisu, Mousse au Chocolat, klassisch zubereitet) |
| **Milch und Milchprodukte** | pasteurisierte Milch, H-Milch, Joghurt, Kräuterquark, Frischkäse, schnittfester Käse, Hartkäse und pflanzliche Brotaufstriche, Weichkäse aus pasteurisierter Milch | Rohmilch, Erzeugnisse mit roher Milch, z. B. Rohmilchweichkäse |
| **Obst und Gemüse** | frisches Obst und Gemüse, Obstsalat, Rohkostsalate, gewaschene Blattsalate mit separatem Dressing | Speisen mit nicht durcherhitzten Sprossen, gefrorene Beeren, die vor dem Verzehr nicht ausreichend erhitzt wurden |

Quelle: Eigene Darstellung, verändert nach: Deutsche Gesellschaft für Hauswirtschaft (Hrsg.) (2021): Feste sicher feiern. Leitlinie zur Guten Hygiene für Veranstalter. Rheine: dgh.

auch danach zur Beikost zusätzlich Muttermilch zu geben (vgl. Nationale Stillkommission).

Wenn Eltern wünschen, dass ihrem Kind in der Kita Muttermilch gegeben wird, sind allerdings einige Hygieneregeln zu beachten.

Für den Transport und die Einhaltung der Kühlkette bis in die Kita sind die Eltern verantwortlich.

In der Kita darf nur frische und gekühlte Muttermilch angenommen werden. Die Flasche muss mit dem Namen des Kindes und dem Abpumpdatum versehen sein. Lagern Sie die Muttermilch im Kühlschrank, der höchstens 5 °C haben darf, nicht in der Kühlschranktür, sondern nahe der Rückwand, denn dies ist die kälteste Zone im Kühlschrank. Die Temperatur des Kühlschranks muss täglich kontrolliert und dokumentiert werden. Vor dem Hantieren mit Muttermilch müssen die Hände gründlich gewaschen werden. Das Tragen von Handschuhen ist nicht nötig. Vermeiden Sie es nach Möglichkeit, die Muttermilch umzuschütten, da sonst die Gefahr der Verunreinigung besteht.

Erwärmen Sie die Muttermilch auf Körpertemperatur erst kurz vor dem Füttern. Erwärmte Muttermilch darf wegen einer möglichen Keimvermehrung keinesfalls aufbewahrt werden.

Die Muttermilch sollte in einem Flaschenwärmer mit Warmluft, nicht in einer Mikrowelle, erwärmt werden. Bei der Erwärmung in der Mikrowelle besteht die Gefahr einer ungleichmäßig starken Erhitzung. Sogenannte Hot Spots im Inneren der Milch können wegen der zu hohen Temperaturen Nährstoffe und antiinfektiöse Eigenschaften der Muttermilch zerstören.

Spülen Sie das Fläschchen, Deckel und Sauger nach dem Füttern mit handwarmem Wasser und Spülmittel aus, damit kein Milchbelag anhaftet, der später schwer zu entfernen ist. Die sorgfältige Reinigung und gegebenenfalls eine Sterilisation oder das Abkochen des Fläschchens müssen dann die Eltern zu Hause übernehmen.

**Gläschenkost in der Kita**

Wenn Eltern Gläschenkost in die Kita mitbringen, sollten Sie beachten, dass geöffnete Gläschen im Kühlschrank aufbewahrt und am Ende des Tages weggeworfen oder den Eltern mitgegeben werden müssen. Geöffnete Gläschen sind auch gekühlt meist nur einen Tag haltbar. Auf dem Gläschen muss der Name des Kindes, Uhrzeit und Datum der Öffnung stehen. Die Gläschenkost sollte erst kurz vor dem Verfüttern erwärmt werden. Erwärmte Reste müssen Sie entsorgen.

### Hygieneregeln Muttermilch

- ☐ Muttermilch wird im Fläschchen frisch und gekühlt übergeben.
- ☐ Name des Kindes und Abpumpdatum stehen auf dem Fläschchen.
- ☐ Kühlschrank < 5 °C.
- ☐ Tägliche Dokumentation der Kühlschranktemperatur.
- ☐ Händewaschen vor dem Füttern.
- ☐ Erwärmen kurz vor dem Füttern.
- ☐ Erwärmen im Flaschenwärmer, nicht in der Mikrowelle.
- ☐ Erwärmte Reste wegschütten.
- ☐ Fläschchen nach dem Füttern ausspülen und den Eltern zur Reinigung mitgeben.

## 3. Wickeln

Wickelzeit ist Beziehungszeit. Auch wenn beim Wickeln nicht primär Hygienevorschriften, sondern vielmehr das beziehungsvolle, ungeteilte Miteinander zwischen Fachkraft und Kind im Mittelpunkt stehen sollte, sind zum Schutz der Kinder und der Fachkräfte einige rechtliche Anforderungen zu beachten.

### Checkliste Wickelhygiene

**Vor dem Wickeln:**

- ☐ Fingerringe und Armbänder ausziehen.
- ☐ Einmalhandschuhe anziehen.
- ☐ Windel und Pflegeprodukte liegen im Griffbereich.

**Nach dem Wickeln:**

- ☐ Verschmutzte Windel für Kinder unerreichbar entsorgen.
- ☐ Wickelunterlage desinfizieren.
- ☐ Hände desinfizieren.
- ☐ Eintrag ins Wickelprotokoll.

Nach dem Wickeln wird die Unterlage desinfiziert

Ziehen Sie vor dem Wickeln passende, ungepuderte, latexfreie Einmalhandschuhe an. Gepuderte Latexhandschuhe dürfen nicht verwendet werden, weil die Gefahr besteht, dass sie Allergien auslösen (vgl. DGUV Regel 112-995).

Fingerringe und Armbänder müssen ausgezogen werden, künstliche Fingernägel sind beim Wickeln nicht zulässig (vgl. TRBA, Technische Regeln für biologische Arbeitsstoffe, 250 Ziffer 4.1.7).

**Wickeltasche für unterwegs:**

- ☐ Wickelunterlage (Einweg)
- ☐ Windeln
- ☐ Feuchttücher
- ☐ Einmalhandschuhe
- ☐ Händedesinfektionsmittel
- ☐ Müllbeutel
- ☐ Wechselwäsche
- ☐ Taschentücher oder Küchenrolle

Der Wickelplatz muss so gestaltet sein, dass die Kinder nicht herunterfallen können. Legen Sie sich die frische Windel und benötigte Pflegeprodukte vor dem Wickeln griffbereit an den Wickelplatz. Verwenden Sie möglichst Windeln und Pflegeprodukte, die die Eltern von zu Hause mitgebracht haben, damit Sie sicher sein können, dass das Kind nicht allergisch darauf reagiert.

Die verschmutzte Windel muss in einem dicht abschließenden Windeleimer entsorgt werden. Die Windelabfälle dürfen für die Kinder nicht zugänglich sein (vgl. §§ 19 ff. DGVU Vorschrift 82).

Nach dem Wickeln muss die Fachkraft zunächst die Wickelunterlage und anschließend ihre Hände desinfizieren. Das Desinfizieren der Hände wird trotz Einmalhandschuhen empfohlen, weil beim Windelwechseln eine erhöhte Gefahr von Kontakt- und Schmierinfektionen besteht.

Um sicherzustellen und nachweisen zu können, dass die Kinder in der Kita regelmäßig gewickelt werden, empfiehlt es sich, ein Wickelprotokoll zu führen.

Jede Kita ist verpflichtet, einen Hygieneplan aufzustellen, der die individuellen Gegebenheiten vor Ort berücksichtigt und konkrete Maßnahmen zur Reinigung, Desinfektion und Minimierung des Infektionsrisikos festlegt (vgl. § 36 IfSG). Der Hygieneplan der Kita wird vom Gesundheitsamt überprüft. Pädagogische Fachkräfte müssen sich an die Regeln des Hygieneplans ihrer Kita halten.

Die Kita-Leitung ist verpflichtet, alle Mitarbeiter*innen über die Infektions- und Gesundheitsschutzmaßnahmen der Kita zu Beginn ihrer Beschäftigung und dann alle zwei Jahre zu belehren (§ 35 IfSG).

Eine Trennung der Eltern ist eine Herausforderung für die ganze Familie

# VI. Trennung, Scheidung, Patchwork – was Sie wissen müssen

Wer bestimmt was, wenn sich Eltern trennen? Wer darf das Kind künftig von der Kita abholen? Wem dürfen Sie Auskünfte geben und welche Absprachen sollten Sie mit den Eltern treffen?

### Aus der Praxis

Emmas Eltern leben seit einigen Monaten getrennt. Ihr Vater möchte nicht, dass der neue Freund seiner Frau Emma aus der Kita abholt. Außerdem bittet er darum, zu Entwicklungsgesprächen, Elternabenden, Kita-Festen und sonstigen Veranstaltungen der Kita eingeladen zu werden.

## 1. Wer ist Ansprechpartner*in?

Wen die Kita zu Veranstaltungen und zu Elterngesprächen einlädt und wer bei einer Trennung oder Scheidung was entscheiden darf, hängt davon ab, wer die elterliche Sorge für das Kind ausübt. Emmas Vater muss zu Entwicklungsgesprächen, Elternabenden, Kita-Festen und sonstigen Veranstaltungen der Kita eingeladen werden, auch wenn Emma bei ihrer Mutter wohnt, sofern ihm die elterliche Sorge für Emma zusteht. Die Fachkräfte der Kita müssen deshalb bei Emmas Eltern erfragen, wer das Sorgerecht für Emma ausübt.

## § 1687 BGB Ausübung der gemeinsamen Sorge bei Getrenntlebenden

(1) Leben Eltern, denen die elterliche Sorge gemeinsam zusteht, nicht nur vorübergehend getrennt, so ist bei Entscheidungen in Angelegenheiten, deren Regelung für das Kind von erheblicher Bedeutung ist, ihr gegenseitiges Einvernehmen erforderlich. **Der Elternteil, bei dem sich das Kind ... gewöhnlich aufhält, hat die Befugnis zur alleinigen Entscheidung in Angelegenheiten des täglichen Lebens.** Entscheidungen in Angelegenheiten des täglichen Lebens sind in der Regel solche, die häufig vorkommen und die keine schwer abzuändernden Auswirkungen auf die Entwicklung des Kindes haben.

Trennung und Scheidung der Eltern lassen das Sorgerecht grundsätzlich unberührt. Wenn Emmas Eltern vor der Trennung das Sorgerecht gemeinsam ausgeübt haben, steht ihnen auch nach der Trennung oder Scheidung weiterhin gleichberechtigt die elterliche Sorge für das gemeinsame Kind und die damit verbundenen Rechte und Pflichten zu. Etwas anderes gilt nur in den vereinzelt vorkommenden Fällen, dass das Familiengericht nach der Trennung das Sorgerecht auf ein Elternteil übertragen hat, weil es dem Kindeswohl dient oder beide Elternteile sich dies so wünschen.

## 2. Wer ist zu was berechtigt?

Um bei Trennung der Eltern die Ausübung der gemeinsamen Sorge zu erleichtern und Konflikte und ständige Auseinandersetzungen über Detailfragen des täglichen Lebens zu vermeiden, hat der Gesetzgeber für den Fall, dass Eltern dauerhaft getrennt leben, die Alltagssorge geregelt:
Der Elternteil, bei dem das Kind lebt, darf über alle Angelegenheiten des täglichen Lebens, die nicht von grundsätzlicher Bedeutung sind, alleine entscheiden (vgl. § 1687 BGB). Er darf beispielsweise bestimmen, wer das Kind wann von der Kita abholt und an welchen Ausflügen das Kind teilnehmen darf. Nur bei Angelegenheiten von erheblicher Bedeutung, wie etwa die Kündigung des Kita-Vertrages, müssen sich beide sorgeberechtigten Elternteile einigen (vgl. § 1687 BGB). Wenn Emma im Fallbeispiel bei ihrer Mutter wohnt, darf ihre Mutter auch entscheiden, wer Emma wann von der Kita abholt. Der Vater kann in diesem Fall nicht verbieten, dass der neue Freund Emma von der Kita abholt. An den Tagen, an denen Emma bei ihrem Vater wohnt, hat er auch das Recht zu entscheiden, von wem Emma von der Kita abgeholt wird (§ 1687 Abs. 1 Satz 4 BGB).

Im Kita-Alltag benötigen Sie immer wieder Einverständniserklärungen und Unterschriften der Eltern für Aktivitäten und Ausflüge, die nicht vom Betreuungsvertrag gedeckt sind. Leben die Eltern getrennt, ist der Elternteil, bei dem das Kind seinen Lebensmittelpunkt hat, berechtigt, ohne Einverständnis des anderen Elternteils zu unterschreiben. Nur ausnahmsweise, wenn es sich um Angelegenheiten von erheblicher Bedeutung für das Kind handeln sollte, müssen beide Elternteile unterschreiben.

## § 1684 BGB Loyalitätsverpflichtung der Eltern

(1) Das Kind hat das Recht auf Umgang mit jedem Elternteil; jeder Elternteil ist zum Umgang mit dem Kind verpflichtet und berechtigt.
(2) Die Eltern haben alles zu unterlassen, was das Verhältnis des Kindes zum jeweils anderen Elternteil beeinträchtigt oder die Erziehung erschwert. Entsprechendes gilt, wenn sich das Kind in der Obhut einer anderen Person befindet.

## 3. Loyalitätsverpflichtung der Eltern

Abschließend sei noch auf die sogenannte Loyalitätsverpflichtung der Eltern hingewiesen. Eltern sind gesetzlich dazu verpflichtet, alles zu unterlassen, was das Verhältnis des Kindes zum jeweils anderen Elternteil beeinträchtigt oder die Erziehung erschwert (§ 1684 Abs. 2 S. 1 BGB).

Diese gesetzlich festgeschriebene Loyalitätsverpflichtung soll Kinder vor den belastenden seelischen Konflikten schützen, die entstehen können, wenn das Kind durch die Beeinflussung eines Elternteils beginnt, zwischen einem guten und geliebten Elternteil und einem bösen und abgelehnten Elternteil zu unterscheiden. Diese sogenannte Eltern-Kind-Entfremdung (EKE), auch unter Parental Alienation Syndrom (PAS) bekannt, kann zu schweren Belastungen und Entwicklungsbeeinträchtigungen des betroffenen Kindes führen. Kinder brauchen für eine gesunde Entwicklung beide Elternteile, auch wenn diese getrennt leben.

Rechtlich abgesichert bei der Dokumentation in der Kita

# VII. Fotografieren und dokumentieren – Fragen zum Datenschutz

Dürfen Sie in der Kita Fotos von den Kindern aufnehmen? Was ist bei Foto- und Videoaufnahmen in der Kita rechtlich zu beachten? Und was ist im Hinblick auf den Datenschutz sonst in der Kita zu beachten? Was dürfen pädagogische Fachkräfte wem erzählen? Ist es zulässig, dass Sie sich mit der Grundschule, Therapeut*innen oder dem Jugendamt über Kinder in der Kita austauschen?

## 1. Foto- und Videoaufnahmen

Fotos und Videoaufnahmen gehören zum Alltag in Kitas. Sie sind häufig wesentliche Bestandteile der Bildungs- und Lerndokumentation. Fotocollagen und Foto-CDs sind beliebte Abschiedsgeschenke. Videos können auf Elternabenden eingesetzt werden, um für Auflockerung zu sorgen. Foto- und Videoaufnahmen in Kitas sind grundsätzlich erlaubt, vorausgesetzt, Sie beachten folgende rechtlichen Vorgaben.

Wenn pädagogische Fachkräfte Fotos und Videos von Kita-Kinder machen, müssen sie zuvor eine Einwilligung der Sorgeberechtigten einholen. Denn die Aufnahmen von den Kindern sind sogenannte personenbezogene Da-

Kinder dürfen selbst entscheiden, wem sie ihr Portfolio zeigen möchten

ten, die den allgemeinen datenschutzrechtlichen Vorschriften und den Anforderungen der EU-Datenschutz-Grundverordnung (DSGVO) genügen müssen (vgl. Art. 1, 2, 4 DSGVO). Die Einwilligung ist nur rechtswirksam, wenn erkennbar ist, zu welchem Zweck die Daten erhoben werden und darauf hingewiesen wird, dass die Einwilligung jederzeit widerrufen werden kann (Art. 7 DSGVO).

### Generelle Fotoerlaubnis im Betreuungsvertrag

Es empfiehlt sich, die Eltern zu bitten, bereits im Betreuungsvertrag eine Einverständniserklärung für Foto- und Videoaufnahmen zu unterschreiben. Bei dieser Einwilligungserklärung muss aber für die Eltern erkennbar sein,

- zu welchem Zweck die Foto- und Videoaufnahmen gemacht werden und
- wo sie veröffentlicht werden sollen.

Es reicht nicht aus, wenn Eltern im Betreuungsvertrag eine pauschale Einwilligung für Aufnahme und Veröffentlichung von Fotos und Videos unterschreiben (vgl. Grundsatz der Zweckbindung, Art. 5 DSGVO). Es muss beispielsweise ausdrücklich darauf hingewiesen werden, dass die Fotos für die Portfolios der Kinder gemacht und dort abgeheftet werden oder dass Fotos in der Kita ausgehängt werden sollen. Sollen Bilder im **Internet** (zum Beispiel auf der Website der Kita) veröffentlicht werden, sind weitere Anforderungen an die Einwilligung zu stellen. Die Sorgeberechtigten müssen sich nicht nur ausdrücklich mit einer Veröffentlichung im Internet einverstanden erklären, sondern zusätzlich auf die Risiken einer Veröffentlichung im Internet hingewiesen werden. Foto- und Videoaufnahmen sollten **nur mit der Digitalkamera der Einrichtung**, nicht mit dem privaten Handy aufgenommen werden. Bei Aufnahmen mit dem Handy besteht die Gefahr einer Vermengung dienstlicher und privater Aufnahmen. Außerdem kann der Träger der Kita die regelmäßige Löschung, Nutzung und Speicherung der Aufnahmen kaum kontrollieren.

Foto- und Videoaufnahmen dürfen nur so lange aufbewahrt werden, wie es nach dem Zweck, für den sie aufgenommen wurden, erforderlich ist (vgl. Art. 5 DSGVO). Wenn sie nicht mehr benötigt werden, spätestens mit dem Ausscheiden des Kindes aus der Kita, müssen Sie **alle Fotos und Videos vom Aufnahmegerät löschen** und ausgedruckte Fotos vernichten oder den Eltern übergeben.

### Aus der Praxis

Mit viel Begeisterung gestalten die Kinder der Kita Regenbogen aus Plastikmüll Kunstwerke. Die Erzieher*innen machen Fotos und drehen ein kurzes Video zu diesem Upcycling-Projekt. Die Fotos sollen in der Kita aufgehängt werden. Das Video möchte die Kita am Elternabend zeigen.

Sollen **Fotos in der Kita ausgehängt** werden oder **Videos oder Fotos** von den Kindern **auf Elternabenden** gezeigt werden, muss zuvor eine Einverständniserklärung der Eltern der abgebildeten Kinder eingeholt werden, in der die Eltern dieser Art der Veröffentlichung ausdrücklich zugestimmt haben. Es reicht nicht aus, wenn Eltern mit dem Betreuungsvertrag eine pauschale Einwilligung für die Aufnahme und Veröffentlichung von Fotos und Videos unterschrieben haben (vgl. Grundsatz der Zweckbindung, Art. 5 DSGVO). Nach dem Elternabend, wenn die Fotos und das Video nicht mehr benötigt werden, müssen sie gelöscht werden.

### Bildungs- und Lerndokumentationen

Ob für Foto- und Videoaufnahmen zur Bildungs- und Lerndokumentation auch zwingend eine Einwilligung der Eltern vorliegen muss, wird unterschiedlich beurteilt. Um rechtlich auf der sicheren Seite zu sein, sollte von den Eltern bereits im Rahmen des Betreuungsvertrages eine Einwilligung für Fotos und ggf. auch für Videoaufnahmen im Rahmen der Bildungsdokumentation eingeholt werden. Auf jeden Fall müssen Eltern darüber informiert werden, welche Bildungs- und Lerndokumentation für das Kind angelegt wird, und die Möglichkeit erhalten, die über das Kind geführten Unterlagen, Fotos und Dokumentationen jederzeit einsehen zu können (vgl. Grundsatz der Transparenz, Art. 5, 12 ff. DSGVO).

Entscheidet sich die Kita für eine Bildungsdokumentation in Form eines Portfolios, in dem neben Lerngeschichten und Bildern auch Fotos gesammelt werden, gehört es in der Regel zum Konzept, dass das Portfolio frei zugänglich im Gruppenraum steht und die Kinder jederzeit anderen ihre Bilder im Portfolio zeigen können.

Aus Gründen des Datenschutzes sollten die Eltern (zum Beispiel im Betreuungsvertrag) ihr Einverständnis erteilen, dass das Portfolio frei zugänglich aufbewahrt wird und dass Fotos vom eigenen Kind auch im Portfolio eines anderen Kindes aufbewahrt werden dürfen. Mit den Kindern sollte man vereinbaren, dass Einsicht in fremde Portfolios nur mit Zustimmung des betroffenen Kindes erfolgen darf. Wenn Eltern mit der offenen Aufbewahrung des Portfolios im Gruppenraum nicht einverstanden sind, weil sie nicht möchten, dass Dritte in das Portfolio ihres Kindes Einblick nehmen können, muss das Portfolio des betroffenen Kindes verschlossen aufbewahrt werden (vgl. Schnurr 2021, S. 216).

Möchten Sie Kindern zur Erinnerung Fotos schenken, beispielsweise auf einer CD, ist nichts dagegen einzuwenden. Sie müssen lediglich darauf achten, dass Sie zuvor eine Einwilligungserklärung der sorgeberechtigten Eltern aller abgebildeten Kinder und der Person, die die Fotos gemacht hat, einholen. Zusätzlich sollten Sie sich von den Eltern oder Dritten, denen die Bilder ausgehändigt werden, eine schriftliche Erklärung unterschreiben lassen, dass die Fotos nicht in sozialen Medien geteilt, nicht ins Internet gestellt oder anderweitig weitergegeben werden (vgl. Schnurr 2021, S. 214).

### Dürfen Eltern auf Kita-Festen fotografieren?

Es spricht nichts dagegen, dass Eltern ihre Kinder auf Kita-Festen fotografieren, vorausgesetzt, die Bilder werden nicht veröffentlicht und nicht in sozialen Medien geteilt. Auch wenn auf diesen Fotos Dritte zu sehen sind, ist dies unbedenklich, wenn die Fotos für den privaten Gebrauch bestimmt sind und nicht veröffentlicht werden. Wird für private Zwecke fotografiert, findet die Datenschutz-Verordnung keine Anwendung (vgl. Art. 2 Abs. 2c DSGVO).

## 2. Verschwiegenheitspflicht

Pädagogische Fachkräfte sind zur Verschwiegenheit verpflichtet, auch dann, wenn dies nicht ausdrücklich im Arbeitsvertrag geregelt wurde. Das heißt, Sie müssen über alles, was Ihnen im Zusammenhang mit Ihrer beruflichen Tätigkeit anvertraut oder bekannt geworden ist, absolutes Stillschweigen wahren. Informationen über Kinder, Eltern oder Mitarbeiter dürfen Sie auch Ihren Freunden oder Ihrer Familie nur in anonymisierter Form erzählen. Etwas anderes gilt nur mit ausdrücklicher vorheriger Zustimmung der Betroffenen. Ein Verstoß gegen die Verschwiegenheitsverpflichtung kann arbeitsrechtliche Konsequenzen bis hin zu einer verhaltensbedingten Kündigung und gegebenenfalls auch Schadensersatzforderungen nach sich ziehen.

**Aus der Praxis**

Lauras Mutter verbringt im Rahmen der Eingewöhnung einige Vormittage in der Kita. Nachmittags auf dem Spielplatz tauscht sie sich mit anderen Müttern aus. Sie erzählt von den Vormittagen in der Kita, von der übergewichtigen Marlene, die nur Softdrinks und Süßigkeiten als Frühstück dabei hat, und von Magnus, der meist mit voller Windel in die Kita kommt.

Hospitierende Eltern, Praktikanten und ehrenamtliche Mitarbeiter*innen sind ebenso wie die pädagogischen Fachkräfte der Kita ver-

### Muster einer Verschwiegenheitsverpflichtung

für hospitierende Eltern/Praktikant*innen/ehrenamtliche Mitarbeiter*innen

______________________________

(Name, Vorname, Geburtsdatum)

verpflichtet sich zur Verschwiegenheit über alle ihr/ihm in der Kita bekannt gewordenen Umstände, Vorgänge und Informationen über Kinder, deren Familien und Mitarbeiter*innen. Diese Verschwiegenheitspflicht gilt auch für die Zeit nach der Tätigkeit in der Kita/nach Beendigung des Praktikums zeitlich unbefristet fort.

______________________________

(Ort, Datum, Unterschrift)

pflichtet, alle Informationen über Kinder oder deren Familien, die sie im Rahmen ihrer Tätigkeit in der Kita erfahren, für sich zu behalten. Da sie sich dessen oft nicht bewusst sind, sollten sie zu Beginn ihrer Tätigkeit eine Erklärung unterschreiben, in der sie sich verpflichten, sämtliche personenbezogenen Daten vertraulich zu behandeln.

## 3. Zusammenarbeit der Kita mit Therapeut*innen

Es kann sinnvoll sein, dass pädagogische Fachkräfte sich mit Fachkräften der Frühförderung, mit Mediziner*innen, Therapeut*innen oder Logopäd*innen austauschen und zusammenarbeiten. Die jeweiligen Therapeut*innen und Fachkräfte dürfen nur dann Auskunft erteilen, wenn sich die Sorgeberechtigten des Kindes damit einverstanden erklären und eine sogenannte Schweigepflichtentbindung unterschreiben. Diese berechtigt pädagogische Fachkräfte aber nicht, ihrerseits Informationen weiterzugeben. Für einen gegenseitigen Austausch ist zusätzlich eine Einverständniserklärung der Sorgeberechtigten erforderlich, die die pädagogische Fachkraft berechtigt, mit dem/der Therapeut*in über das Kind zu sprechen.

## 4. Datenschutz bei Verdacht einer Kindeswohlgefährdung

Werden Ihnen von einem Elternteil Informationen anvertraut, die Anhaltspunkte einer möglichen Kindeswohlgefährdung betreffen, sind Sie auch ohne Einverständnis der Sorgeberechtigten verpflichtet, der Leitung der Kita diese Informationen weiterzugeben, damit gemeinsam überlegt werden kann, wie man zum Schutz des Kindes weiter vorgehen kann (vgl. §8a SGB VIII).

**Aus der Praxis**

Bennis Mutter vertraut der Erzieherin Hannah an, dass ihr neuer Lebensgefährte in letzter Zeit immer öfter die Geduld mit Benni verlieren würde. Er versucht dann, den Jungen mit Schlägen oder Einsperren zur Vernunft zu bringen. Die Mutter bittet die Erzieherin, mit niemandem darüber zu sprechen.

Hannah sollte der Mutter erklären, dass sie diese Information nicht für sich behalten darf, sondern sich mit der Kita-Leitung besprechen möchte. Dabei geht es darum herauszufinden, welche Möglichkeiten in Betracht kommen, Benni und seine Mutter zu unterstützen. Die Erzieherin kann sich auch von einer insoweit erfahrenen Fachkraft beraten lassen (vgl. §8b SGB VIII), wie sie weiter vorgehen sollte. Diese Beratung mit der insoweit erfahrenen Fachkraft muss aus Datenschutzgründen anonymisiert erfolgen. In einem weiteren Gespräch mit der Mutter und gegebenenfalls auch mit dem Lebensgefährten sollte gemeinsam nach Lösungen und Alternativen für herausfordernde Situationen mit Benni gesucht werden. Es kann auf Hilfen wie beispielsweise Erziehungsberatung, Erziehungsbeistand oder weitere Unterstützungsangebote des Jugendamts hingewiesen werden. Wenn die Gespräche ergebnislos verlaufen, sodass die Gefahr weiter besteht, dass Benni geschlagen und eingesperrt wird, ist die Kita verpflichtet, das Jugendamt zu informieren. Denn in diesem Fall gilt: Kinderschutz vor Datenschutz. Die Kita ist berechtigt und verpflichtet, auch ohne Einverständnis, sogar gegen den Willen der Sorgeberechtigten alle erforderlichen Daten an das Jugendamt weiterzuleiten (vgl. §8a SGB VIII, §4 KKG i.V.m. §65 Abs. 1 SGB VIII).

## 5. Kooperation mit der Grundschule

In allen Kindertagesstätten- und Schulgesetzen der Bundesländer ist festgelegt, dass Kitas und Grundschulen zusammenarbeiten sollen. Diese Verpflichtung zur Kooperation ermächtigt jedoch nicht zum gegenseitigen Datenaustausch. Die Kita ist nicht befugt, den Lehrkräften der Grundschule ohne Zustimmung der Eltern Informationen über einzelne Kinder zukommen zu lassen. Auch informelle Gespräche zwischen pädagogischer Fachkraft der Kita und der Lehrkraft über einzelne Kinder sind unzulässig. Die Erzieherin dürfte beispielsweise gegenüber dem künftigen Grundschullehrer von Samuel keinerlei Andeutungen machen, wie etwa: „Mit Samuel, da kommt etwas auf Sie zu!" Um Kindern in der Schule einen unbelasteten Neuanfang zu ermöglichen, sollte der Datenschutz beim Übergang von Kita zur Grundschule sehr ernst genommen werden. In Einzelfällen kann es jedoch auch sinnvoll sein, die Einwilligung der Eltern einzuholen, um der Schule wichtige Informationen über das Kind zukommen zu lassen (vgl. Schnurr 2020, S. 217).

Sicherheitsbeauftragte können im Alltag auf Mängel und Sicherheitslücken hinweisen

# VIII. Rechte, Pflichten und Aufgaben der Sicherheitsbeauftragten

Jede Kita ist gesetzlich verpflichtet, eine*n Sicherheitsbeauftragte*n zur Verhütung von Unfällen zu bestellen, wenn die Zahl der Mitarbeiter und Kinder insgesamt 20 übersteigt (vgl. § 22 SGB VII, DGUV Vorschrift 1 § 20). Es ist in der Regel Aufgabe der Kita-Leitung, aus dem Team eine geeignete pädagogische Fachkraft als Sicherheitsbeauftragte*n auszuwählen. Diese*r berät und unterstützt die Leitung und den Träger in allen Fragen zur Verhütung von Arbeitsunfällen und Berufskrankheiten.

Welche konkreten Aufgaben, Pflichten und Rechte hat ein*e Sicherheitsbeauftragte*r? Und wie sieht es mit der Haftung aus, wenn es zu einem Unfall kommt?

**Aus der Praxis**

Die Erzieherin Gudrun wird von der Kita-Leitung gefragt, ob sie das Amt der Sicherheitsbeauftragten der Kita übernehmen würde. Gudrun ist unsicher, ob sie sich dieses Amt zutraut.

## Linktipp

Einen Vordruck für die Bestellung des/der Sicherheitsbeauftragten finden Sie unter https://www.bgw-online.de/resource/blob/9076/9b8103cc5fc1cb336efb44b959633e9a/bestellung-zum-sicherheitsbeauftragten-data.pdf

## 1. Bestellung zum/zur Sicherheitsbeauftragten – was bedeutet das?

Sicherheitsbeauftragte unterstützen die Kita-Leitung und den Träger bei der Vermeidung von Unfällen, Berufskrankheiten und arbeitsbedingten Gesundheitsgefahren. Der/die Sicherheitsbeauftragte sollte mit den Arbeitsabläufen in der Kita vertraut sein und als „Insider“ aus Arbeitnehmerperspektive die Leitung und den Träger auf mögliche Gefahren, Unfall- und Gesundheitsrisiken hinweisen und Vorschläge zur Verbesserung zum Schutz der Beschäftigten und der Kinder machen. Deshalb sollte nicht die Leitung der Kita die Aufgabe des/der Sicherheitsbeauftragten übernehmen. Fachkräften fallen möglicherweise Gefahren und Mängel auf, die die Kita-Leitung oder der Träger nicht wahrnehmen. Die Unfallkassen weisen auch ausdrücklich darauf hin, dass der Träger nicht eine*n Sicherheitsbeauftragte*n für mehrere Einrichtungen bestellen soll, weil dies dem Insidergedanken des Gesetzgebers entgegensteht (vgl. Unfallkasse Hessen).

Die Bestellung des/der Sicherheitsbeauftragten sollte schriftlich erfolgen.

Personen, die zum/zur Sicherheitsbeauftragten bestellt werden, übernehmen diese Aufgabe freiwillig. Sie können nicht gegen ihren Willen dazu verpflichtet werden.

## 2. Aufgaben und Pflichten

Sicherheitsbeauftragte sind stets nur unterstützend tätig. Ihnen darf keine Verantwortung oder Weisungsbefugnis übertragen werden. Sie sollen lediglich Unfall- und Gesundheitsrisiken, die ihnen auffallen, an die Kita-Leitung oder den Träger melden. Zu ihren Aufgaben gehört es aber nicht, bestehende Mängel zu beseitigen oder Firmen und Handwerker zu beaufsichtigen. Der Träger sollte die/den Sicherheitsbeauftragte*n bei der Gefährdungsbeurteilung der Kita hinzuziehen. Es ist aber nicht zulässig, dass Träger oder Kita-Leitung die gesetzlich vorgeschriebene Gefährdungsbeurteilung der Kita auf den Sicherheitsbeauftragten übertragen. Für die Sicherheit der Kita, insbesondere für die regelmäßige Prüfung von Spielplatzgeräten und Elektrogeräten, bleibt der Träger der Kita und gegebenenfalls die Kita-Leitung verantwortlich. Der/dem Sicherheitsbeauftragten obliegt nur die einfache Sichtprüfung.

Ein Großteil möglicher Mängel werden Sicherheitsbeauftragten sicherlich nebenbei während ihrer beruflichen Tätigkeit auffallen. Zusätzlich ist es sinnvoll, regelmäßig gemeinsam mit der Leitung einen Rundgang durch die Kita und über das Außengelände zu machen, um die Sicherheit der Kita kritisch zu überprüfen. Ob dieser Rundgang monatlich, vierteljährlich oder in einem anderen Turnus

Stolperfallen im Außengelände sichern

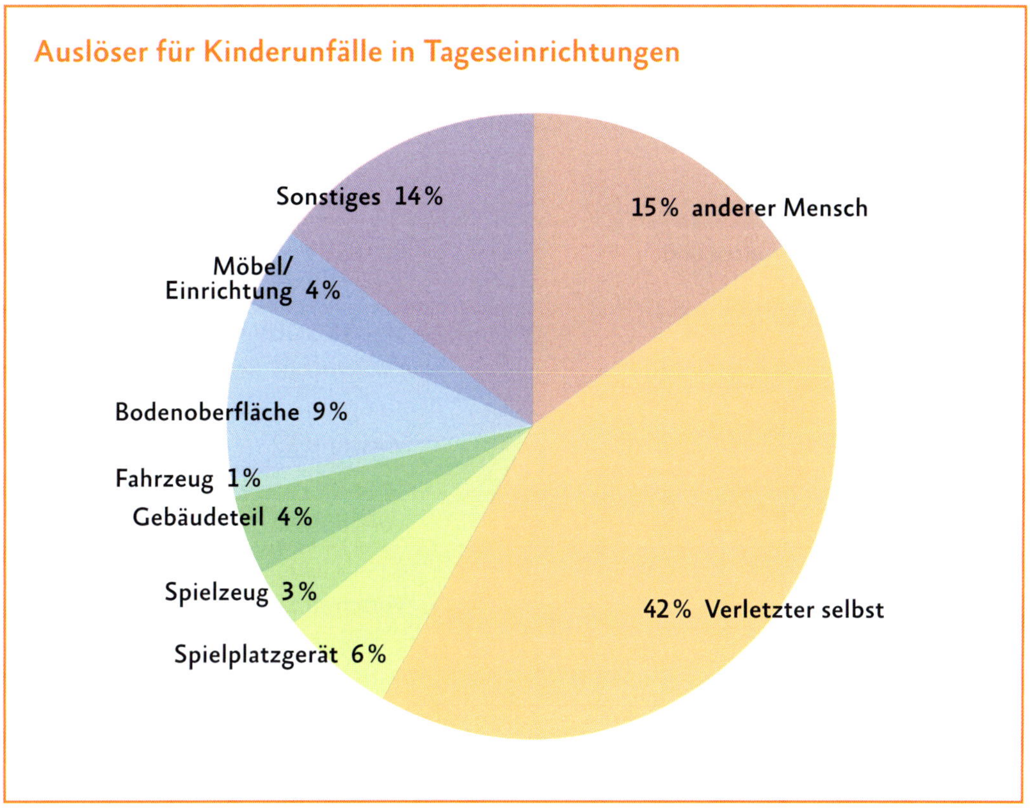


Quelle: DGUV 2020

erfolgt, muss der/die Sicherheitsbeauftragte je nach den örtlichen Gegebenheiten der Einrichtung entscheiden.

Es kann hilfreich sein, bei diesem Rundgang die Checkliste (s. S. 52) durchzugehen, um auf mögliche Gefahren und Schwachstellen aufmerksam zu werden.

Mängel sollten Sicherheitsbeauftragte dem Träger unverzüglich schriftlich melden. Gefahren wie beispielsweise defekte Spielgeräte oder eine zerbrochene Steckdosenabdeckung müssen bis zur Mängelbeseitigung gesichert werden.

Zu den Aufgaben des Sicherheitsbeauftragten gehört es auch, Kolleg*innen auf mögliche Gefahren und Sicherheitsvorschriften hinzuweisen. Informationen über Themen wie Ergonomie, Lärm, rückengerechtes Arbeiten. sollte der/die Sicherheitsbeauftragte durch Auslegung von Info-Material und Hinweise in Teamsitzungen an das Team weitergeben. Fortbildungen zum Gesundheitsschutz und die Anschaffung von ergonomischem Mobiliar können von Sicherheitsbeauftragten initiiert werden.

## 3. Haftung

Sicherheitsbeauftrage haften grundsätzlich nicht für Unfälle oder Gesundheitsschäden von Kindern oder Mitarbeiter*innen. Denn sie haben nur beratende Funktion. Sie können auch niemandem Weisungen erteilen oder Sicherheitsmaßnahmen durchführen. Die Verantwortung für die Sicherheit und Gesundheit der Mitarbeiter*innen und Kinder liegt primär beim Träger der Kita.

## 4. Rechte

Sicherheitsbeauftragten muss während ihrer regulären Arbeitszeit genügend Zeit eingeräumt werden, damit sie ihre Aufgaben verantwortungsvoll ausüben können.

Sie sind berechtigt, an Aus- und Fortbildungsseminaren der Berufsgenossenschaften teilzunehmen. Sie haben auch das Recht, an Arbeitsschutzausschusssitzungen des Trägers sowie an Besichtigungen und Unfalluntersuchungen in der Kita teilzunehmen. Durch ihre Tätigkeiten dürfen den beauftragten Personen keinerlei Benachteiligungen entstehen.

## 5. Checkliste für Ihre Arbeit als Sicherheitsbeauftragte*r

| | Geprüft | Rechtsgrundlage |
|---|---|---|
| **Checkliste: Innenbereich Kita** | | |
| Fußböden sind rutschhemmend, keine Unebenheiten und sonstigen Stolperfallen | ☐ | § 8 DGUV Vorschrift 82 |
| Zugängliche Kanten an Wänden, Türen, Mobiliar und Heizkörpern sind gerundet oder gefasst | ☐ | §§ 9, 14 DGUV Vorschrift 82 |
| Keine verschluckbaren Kleinteile in Bereichen, in denen sich U3-Kinder aufhalten (kleines Lego, Büroklammern etc.) | ☐ | § 23 DGUV Vorschrift 82 |
| Spielzeug mit CE- oder GS-Zeichen ausgewiesen | ☐ | §§ 14, 23 DGUV Vorschrift 82 |
| Keine Wasserkocher oder Kaffeemaschinen im Gruppenraum (Vermeidung von Verbrennungsgefahr) | ☐ | § 15 DGUV Vorschrift 82 |
| Türen sind mit Fingerklemmschutz versehen | ☐ | § 13 (3) DGUV Vorschrift 82 |
| Türen und Fenster sind so gestaltet/angeordnet, dass kein Verletzungsrisiko besteht | ☐ | § 13 (1) DGUV Vorschrift 82 |
| Bruchsichere Glasflächen:<br>Fenster, Spiegel und sonstige Glasflächen bestehen bis zu einer Höhe von 2 Metern aus splitterfreier Verglasung (Verbundglas), gehärtetem Glas oder Kunststoff. | ☐ | § 10 (1) DGUV Vorschrift 82<br>DGUV Information 202-087 |
| Putzmittel, Streichhölzer und Feuerzeug werden für Kinder unzugänglich aufbewahrt | ☐ | § 17 DGUV Vorschrift 82 |
| Treppen weisen an beiden Seiten gut erreichbare Handläufe auf | ☐ | § 12 (3) DGUV Vorschrift 82, Abschn. 5.6 DGUV Information 208-005, § 12 (3) DGUV Vorschrift 82, DIN 18040-1 |
| Treppenstufen sind rutschhemmend | ☐ | Abschn. 3.1.6 DGUV Information 208-005, ASR A1.8 |
| Stufenmaß ist im gesamten Verlauf der Treppe gleichmäßig | ☐ | ASR A1.8 |
| Garderobenhaken sind so gestaltet, dass keine Verletzungsgefahr besteht | ☐ | § 14 (2) DGUV Vorschrift 82 |
| Oberflächentemperatur von Heizkörper und ähnlichen festen Gegenständen überschreitet nicht 60 °C | ☐ | § 15 DGUV Vorschrift 82<br>DIN EN ISO 13732-1 |
| Fußbodenbelag in Wasch- und Toilettenräumen ist auch bei Nässe rutschhemmend | ☐ | DGUV Regel 108-003, DGUV Information 207-006 |
| Wasseransammlungen werden durch Bodengefälle und Bodenabläufe vermieden | ☐ | Abschn. 4 DGUV Regel 108-003 |
| Wassertemperatur ist an Entnahmestellen, die Kindern zugänglich sind, auf max. 43 °C begrenzt | ☐ | § 15 DGUV Vorschrift 82, DIN EN 806-2 |
| Wickelplatz ist an den Seiten und Rückwand mit Absturzsicherung versehen | ☐ | § 23 (4) DGUV Vorschrift 82 |
| Windelabfälle werden für Kinder unzugänglich aufbewahrt | ☐ | § 19 (4) Vorschrift 82 |

| | Geprüft | Rechtsgrundlage |
|---|---|---|
| **Checkliste: Außenbereich Kita** | | |
| Bodenbeläge im Außenbereich sind auch bei Nässe trittsicher | ☐ | § 26 (2) DGUV Vorschrift 82<br>DGUV Regel 108-003 ASR A1.2/1.5 |
| Spielgeräte sind augenscheinlich sicher | ☐ | Abschn. 6 DGUV Information 202-022, DIN EN 1176-7 |
| Spielsand ist nicht verschmutzt (Austausch bei Verschmutzung, spätestens nach 3 Jahren) | ☐ | Vgl. Rahmenhygienepläne Kita |
| Zäune, Gitterroste und Abdeckungen sind sicher gestaltet (Maschenweite max. 30 x 10 mm) | ☐ | § 11 DGUV Vorschrift 82, DGUV Information 208-007 |
| Grundstücksausgänge sind gegen unerlaubtes Verlassen gesichert | ☐ | § 27 DGUV Vorschrift 82 |
| Wegführung, Zugänge und Treppen sind ausreichend beleuchtet | ☐ | § 27 (5) DGUV Vorschrift 82 |
| Keine giftigen Pflanzen auf dem Außengelände (Goldregen, Pfaffenhütchen, Seidelbast und Stechpalme sind verboten) | ☐ | § 29 (2) DGUV Vorschrift 82<br>DGUV Information 202-023, Bekanntmachg. Liste giftiger Pflanzenarten im Bundesanzeiger vom 06.05.2000 |
| Fallschutz und Fallräume:<br>• unter Klettergerüst und sonstigen hohen Spielgeräten befindet sich Sand, Mulch, Fallschutzmatten oder sonstiger Fallschutz (bei U3-Kindern ab 40 cm Fallhöhe, bei Ü3-Kindern ab 60 cm Fallhöhe)<br>• in möglicher Sprung- und Fallrichtung ist ein Fallraum frei gehalten | ☐ | DGUV Information 202-022, DIN EN 1176-1<br>§ 28 (2) DGUV Vorschrift 82, DIN EN 1176-1 |
| Ausreichender Schutz vor Sonneneinstrahlung besonders über Sandkästen und Sitzbereichen | ☐ | § 26 (1) DGUV Vorschrift 82 |
| Feuchtbiotope sind sicher gestaltet (unzugänglich für Krippenkinder) | ☐ | § 23 (6) DGUV Vorschrift 82 |
| **Checkliste: Elektrische Geräte und Anlagen** | | |
| Steckdosen sind mit integrierter Kindersicherung versehen | ☐ | § 16 DGUV Vorschrift 82 |
| Stecker, Kabel, Steckdosen und Schalter sind unbeschädigt | ☐ | § 3 DGUV Vorschrift 4 |
| Lichterketten und andere elektrische Dekorationen sind außerhalb der Reichweite der Kinder befestigt und mit Schutzkleinspannung betrieben. | ☐ | § 16 DGUV Vorschrift 82 |
| FI-Schutzschalter (meist im Sicherungskasten) wird alle 6 Monate überprüft (Drücken des Testknopfes). Die Überprüfung wird mit Datum und Unterschrift dokumentiert. (Die Überprüfung muss nicht zwingend vom Elektrotechniker vorgenommen werden) | ☐ | § 5 DGUV Vorschrift 4 |

| | Geprüft | Rechtsgrundlage |
|---|---|---|
| **Checkliste: Erste Hilfe** | | |
| Pro Kindergruppe ist mindestens ein*e Ersthelfer*in ausgebildet und alle 2 Jahre fortgebildet | ☐ | §26 DGUV Vorschrift 1 |
| Telefon für Notrufe ist zugänglich und schnell erreichbar | ☐ | §25 DGUV Vorschrift 1 |
| Folgende Notrufnummern sind am Telefon vorhanden:<br>• Notrufnummer (112), Giftzentrale, Taxizentrale | ☐ | §25 DGUV Vorschrift 1 |
| Kita verfügt über einen vollständigen, gut zugänglichen Verbandskasten | ☐ | §25 DGUV Vorschrift 1 |
| Unfälle werden regelmäßig im Verbandbuch notiert | ☐ | §24 (6) DGUV Vorschrift 1 |
| **Checkliste: Arbeitsbedingte Gesundheitsgefahren des Personals** | | |
| Erzieher*innen haben die Möglichkeit, erwachsenengerechtes Mobiliar zu nutzen | ☐ | §4 ArbSchG |
| Maßnahmen zur Lärmminderung wurden getroffen | ☐ | §6 DGUV Vorschrift 82 |
| **Checkliste: Brandschutz, Flucht- und Rettungswege** | | |
| Notausgangstüren sind<br>• gekennzeichnet<br>• während der Betriebszeit leicht von innen zu öffnen,<br>• schlagen in Fluchtrichtung auf | ☐ | Abschn. 4 ff. ASR A 2.3 |
| Feuerwehrzufahrten sind gekennzeichnet und werden frei gehalten | ☐ | |
| Feuerlöscher sind gut sichbar und leicht erreichbar | ☐ | ASR A 2.2 |
| Alle Mitarbeiter der Kita sind mit Handhabung der Feuerlöscher vertraut | ☐ | §22 (2) DGUV ASR A2.2 |
| Mindestens einmal jährlich wird ein Probealarm durchgeführt und dokumentiert. | ☐ | §4 DGUV Vorschrift 1 ASR A2.3 |

**Abkürzungen**
ArbSchG: Arbeitsschutzgesetz
ASR: Technische Regeln für Arbeitsstätten
DGUV: Deutsche Gesetzliche Unfallversicherung

# Literatur


Erath, P./Sandner, E. (2007): Unternehmen Kita. Wie Teams unter veränderten Rahmenbedingungen erfolgreich handeln. München: Don Bosco.

Bundesinstitut für Risikobewertung (Hrsg.): Hinweise zum Umgang mit Muttermilch in der Kita oder Tagespflege. Merkblatt für die Kita und Tagespflege. https://www.bfr.bund.de/cm/350/hinweise-zum-umgang-mit-muttermilch.pdf, letzter Zugriff am 28.10.2021.

Deutsche gesetzliche Unfallversicherung e. V. (2021): Medikamentengabe in Kindertageseinrichtungen. https://publikationen.dguv.de/widgets/pdf/download/article/2898, Berlin: DGUV, letzter Zugriff am 03.12.2021.

Deutsche gesetzliche Unfallversicherung e. V. (2016): Zeckenstich – Was tun? Umgang mit Zeckenstichen in Kindertageseinrichtungen und Schulen. https://www.dguv.de/medien/fb-erste-hilfe/de/documents/zecken.pdf, letzter Zugriff am 28.10.2021.

Enders, U. (2009): Zartbitter e. V., Doktorspiele oder sexuelle Übergriffe? http://sichere-orte-schaffen.de/wp-content/uploads/Doktorspiele_Web.pdf, letzter Zugriff am 15.11.2021.

Freund, U./Riedel-Breidenstein, D./Strohhalm e. V. (2006): Kindliche Sexualität zwischen altersangemessenen Aktivitäten und Übergriffen. Bernau: Landesjugendamt Brandenburg. https://mbjs.brandenburg.de/media_fast/6288/kindliche_sexualitaet.pdf, letzter Zugriff am 28.10.2021.

Kommunalverband für Jugend und Soziales Baden-Württemberg (Hrsg.) (2012): Einschätzskala Kindeswohlgefährdung in Kindertageseinrichtungen. Erarbeitet im Auftrag des KVJS von der Forschungsgruppe Verhaltensbiologie des Menschen (FVM). https://www.kvjs.de/fileadmin/publikationen/jugend/Bericht_KiWo_Skala-Kita.pdf, letzter Zugriff am 28.10.2021.

Landesjugendamt Rheinland/Landesjugendamt Westfalen (Hrsg.) (2018): Medizinische und pflegerische Versorgung in Kindertageseinrichtungen und der Kindertagespflege. https://www.lvr.de/media/wwwlvrde/jugend/kinderundfamilien/tageseinrichtungenfrkinder/dokumente_88/181010_Medikamentenbroschuere_barr.pdf, letzter Zugriff am 28.10.2021.

Nationale Stillkommission (2015): Weiterhin 4 bis 6 Monate stillen, https://www.bfr.bund.de/de/presseinformation/2015/12/nationale_stillkommission__weiterhin_4_bis_6_monate_ausschliesslich_stillen-194091, letzter Zugriff am 28.10.2021.

Palandt, O. (Hrsg.) (2021): Bürgerliches Gesetzbuch, Kurzkommentar. 80. Aufl., München: C. H. Beck [zitiert Palandt/Bearbeiter/-in].

Pimmer Jüsten, B./Hundmeyer S. (10., erweiterte und aktualisierte Aufl. 2019): Aufsichtspflicht in Kindertageseinrichtungen. Aufsichtspflicht, Haftung und Versicherungsschutz. Köln: Wolters Kluwer.

Prott, R. (2011): Aufsichtspflicht. Berlin: verlag das netz.

Schnurr, H. (2018): Aufsichtspflicht – Fragen und Antworten. Köln: Westermann.

Schnurr, H. (2019): Kinderschutz und Kinderrechte – Fragen und Antworten. Köln: Westermann, 2019.

Schnurr, H. (2021): Sicher im Recht – Kompetent in der Praxis, Lehrbuch und Nachschlagewerk für pädagogische Fachkräfte. Köln: Westermann.

Tardos, A. (2000): Autonomie und/oder Abhängigkeit. In: Mit Kindern wachsen, 07/2000, S. 4–9.

Unfallkasse Hessen: Sicherheitsbeauftragte in Kindertagesstätten, https://www.ukh.de/praevention/kita/fachthemen/sicherheitsbeauftragte/), letzter Zugriff am 28.10.2021.

Unfallkasse Nordrhein-Westfalen (2009): Unfallverhütungsvorschrift Kindertageseinrichtungen. https://www.unfallkasse-nrw.de/fileadmin/server/download/Regeln_und_Schriften/Unfallverhuetungsvorschriften/Vorschrift_82.pdf, letzter Zugriff am 28.10.2021.

Unfallkasse Nordrhein-Westfalen: Sichere Kita – Feuer. www.sichere-kita.de/aussengelaende/gruenflaechen/feuer, letzter Zugriff am 28.10.2021.

Unfallkasse Rheinland-Pfalz (2013): Wundversorgung bei Kindern – Empfehlungen der Unfallkasse Rheinland-Pfalz. Wundversorgung_bei_Kindern.pdf (ukrlp.de), letzter Zugriff: 1.2.2021

Unfallkasse Sachsen (Hrsg.) (5. Aufl. 2021): Checklisten zur Gefährdungsbeurteilung in Kindertageseinrichtungen https://www.uksachsen.de/fileadmin/user_upload/Download/UK-Sachsen-Publikationen/UK-Sachsen_02-01-Checklisten_zur_Gefaehrdungsbeurteilung_in_Kindertageseinrichtungen__PDF__beschreibbar_.pdf, letzter Zugriff am 15.11.2021.

# Impressum


**praxis kompakt: Rechtssicher handeln im Kita-Alltag – So frei wie möglich, so sicher wie nötig** ist ein Sonderheft von kindergarten heute – Das Fachmagazin für Frühpädagogik

**Redaktion**
Thilo Bergmann (verantw.)
Tel. 0761 / 2717-209
E-Mail: bergmann@herder.de

Franziska Aehlen
Tel. 0761 / 2717-238
E-Mail: aehlen@herder.de

Sofie Raff
Tel. 0761 / 2717-530
E-Mail: raff@herder.de

**Anschrift der Redaktion**
Hermann-Herder-Str. 4
79104 Freiburg
Tel.: 0761 / 2717-322
E-Mail: redaktion@kindergarten-heute.de
www.kindergarten-heute.de

**Verlag**



www.herder.de

**Bildnachweis**
Coverfoto: © Johner Images – GettyImages
Bilder auf S. 1, 4, 7, 8, 14, 26, 28, 30, 38, 42, 45, 46, 49: © Sofie Raff, March.
S. 10: mauritius images/Cavan Images, S. 11: © gerisima – GettyImages, S. 12: © vladm – GettyImages, S. 16: © loliputa – GettyImages, S. 17: © Chris6 – GettyImages, S. 19: © AndreyStratilatov – GettyImages, S. 22: © fizkes – GettyImages, S. 23: © AliciaFdez – Adobe stock, S. 27: © Imgorthand – GettyImages, S. 29: © anilyanik – GettyImages, S. 32 oben: © Enterline Design Services LLC – GettyImages; unten: © Travel_ Master – Adobe Stock,S. 34: © wbritten – GettyImages, S. 35: © SpeedKingz – shutterstock, S. 43: © NickyLloyd – GettyImages, S. 50: © Natal-is – GettyImages,

**Layout, Satz und digitale Bearbeitung**
rsrdesign, Wiesbaden, www.rsrdesign.de

**Druck**
Medienhaus Plump GmbH, Rheinbreitbach

**Leserservice**
Verlag Herder GmbH
Hermann-Herder-Str. 4, 79104 Freiburg
Tel.: 0761 / 2717-379 oder 0761 / 2717-244
Fax: 0761 / 2717-249
E-Mail: kundenservice@herder.de

Kontakt Produktsicherheit
produktsicherheit@herder.de

Gedruckt auf chlorfrei gebleichtem Papier

Printed in Germany

Titelnummer: 348
ISBN Print: 978-3-451-00348-6
ISBN E-Book (PDF): 978-3-451-82695-5